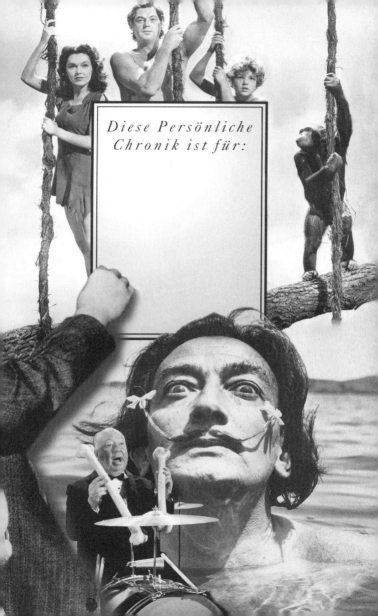

Diese Persönliche
Chronik ist für:

Das Buch vom

2.

MÄRZ

Ein ganz besonderer Tag

... ein ganz besonderer Tag

Der Name März stammt noch aus den Zeiten des altrömischen Kalenderwesens, als das Jahr mit dem »Marsmonat« begann – gewidmet dem römischen Kriegsgott Mars. Ein Monat des Neubeginns ist der März geblieben, beherbergt er doch den Frühlingsanfang. In vielen Ländern Europas feiern die Menschen deshalb schon am 2. März »Baumfeste«. Wichtige Namenspatrone dieses Tages sind die Heilige Agnes von Böhmen und der im 5. Jahrhundert in Rom gestorbene Papst Simplicius.

Schon immer haben sich denkwürdige Ereignisse am zweiten Märztag zugetragen:

1458 wurde Georg von Podiebrand zum König von Böhmen gewählt.

1796 übernahm Napoleon Bonaparte den Oberbefehl über die Italienarmee.

1836 erklärte Texas seine Unabhängigkeit von Mexiko und wurde bald darauf US-Bundesstaat.

Schließlich versammelt sich auf dem 2. März eine illustre Gesellschaft bedeutender und bekannter Geburtstagskinder. Dazu gehören der Komponist Friedrich Smetana, der Gitarrist Rory Gallagher, der Schriftsteller John Irving und der Fernsehpionier Walter Bruch.

Im Zeichen der Fische
19. Februar bis 20. März

Das Sternzeichen Fische gehört wie der Skorpion und der Krebs zu den Wasserzeichen. Wer unter ihnen geboren wurde, verfügt über besondere mediale Fähigkeiten. Das Sternzeichen Fisch schließt die Reihe der zwölf Zeichen des Tierkreises ab.

Die Fische-Geborenen kennzeichnet Sensibilität, Einfühlungsvermögen und Hilfsbereitschaft. Hinter ihrer Anteilnahme an den Problemen ihrer Freunde verbirgt sich oft auch die Suche nach Anerkennung, denn Fische neigen zu Selbstzweifeln. Sie brauchen Sicherheit und Bestätigung, um ihre Persönlichkeit voll entfalten zu können, zeichnen sich aber bei einmal getroffenen Entscheidungen durch unbedingte Verläßlichkeit aus. Willensstärke und Disziplin verhelfen ihnen zu Höchstleistungen.

In den Reihen berühmter Fische-Persönlichkeiten finden sich bedeutende Künstler wie der Maler Piet Mondrian, der Filmregisseur Pier Paolo Pasolini oder die Schriftstellerin Christa Wolf, deren Schaffen von der für Fische typischen Feinfühligkeit geprägt ist. Aber auch Wissenschaftler-Genies wie der Begründer der Relativitätstheorie, Albert Einstein, oder Staatsmänner wie Michail Gorbatschow und Yitzhak Rabin wurden im Zeichen der Fische geboren.

1900-1909

Highlights des Jahrzehnts

.... *1900* ....

- Weltausstellung in Paris
- Niederschlagung des Boxeraufstandes in China
- Uraufführung der Oper »Tosca« von Giacomo Puccini in Rom
- Probefahrt des ersten Zeppelins »LZ 1«

.... *1901* ....

- Die britische Königin Victoria stirbt
- Erste Nobelpreise verliehen
- Thomas Mann veröffentlicht die »Buddenbrooks«
- Mordattentat auf US-Präsident McKinley, Theodore Roosevelt wird Nachfolger

.... *1902* ....

- Beendigung des Burenkrieges in Südafrika
- Krönung Eduards VII. zum König von Großbritannien
- Inbetriebnahme der Transsibirischen Eisenbahn
- Kunstströmung »Jugendstil« auf dem Höhepunkt

.... *1903* ....

- Serbischer König Alexander I. ermordet
- Erste Tour de France
- Erster Motorflug der Brüder Wright
- Kampf der Suffragetten um das Frauenwahlrecht
- Margarethe Steiff präsentiert den »Teddy-Bären«

.... *1904* ....

- Hereroaufstand in Deutsch-Südwestafrika
- Beginn des Russisch-Japanischen Krieges

- Arthur Korn gelingt die erste Bildtelegraphie

.... *1905* ....

- Petersburger »Blutsonntag«
- Tangerbesuch Wilhelms II. führt zur Ersten Marokkokrise
- Albert Einstein entwickelt »Spezielle Relativitätstheorie«
- Künstlergemeinschaft »Die Brücke« wird gegründet

.... *1906* ....

- Revolutionäre Unruhen und erstes Parlament in Rußland
- Roald Amundsen duchfährt die Nordwestpassage
- Dreyfus-Affäre beigelegt
- Erdbeben verwüstet San Francisco

.... *1907* ....

- Pablo Picasso malt »Les Demoiselles d'Avignon« und begründet den Kubismus
- Erste Farbfotografien von Louis Jean Lumière

.... *1908* ....

- Ford baut Modell T (»Tin Lizzy«)
- Österreich-Ungarn annektiert Bosnien und Herzegowina
- Durchbruch der olympischen Idee bei Spielen in London
- 30 000 Jahre alte Statuette (Venus von Willendorf) gefunden

.... *1909* ....

- Robert E. Peary erreicht als erster Mensch den Nordpol
- Louis Blériot überfliegt den Ärmelkanal
- Unruhen in Persien: Schah Mohammed Ali dankt ab

◀ **Als »sterbender Schwan« wird Anna Pawlowa weltberühmt (1908)**

1900

Freitag 2. März

 Gesellschaft

Verarmte Handwerker können wieder Hoffnung schöpfen. In der deutschen Presse wird mitgeteilt, daß die bayerische Abgeordnetenkammer eine sog. Handwerker-Zentralkasse einrichten wird. Mit den Geldern werden Uhrmacher, Weber, Schuh- und Kammacher unterstützt, die durch Billigprodukte aus industrieller Fertigung in Bedrängnis geraten sind.

Stars der Jahre 1900–1909

Isadora Duncan
Tänzerin
Gustav Mahler
Komponist / Dirigent
Anna Pawlowa
Tänzerin
Sarah Bernhardt
Schauspielerin
Orville / Wilbur Wright
Flieger

 Gesellschaft

Nie zuvor wurde ein Papst so alt wie Leo XIII. Er feiert heute in Rom seinen 90. Geburtstag. Kardinäle und andere hohe Würdenträger der Kurie werden zur Feier des Tages von ihm empfangen. Leo XIII. war 1878 in das Amt des Oberhaupts der katholischen Kirche gewählt worden.

☼ *Wetter*

Viel kühler als zu erwarten ist es im März 1900. Während der langjährige Mittelwert für den Monat bei 3,9 °C liegt, erreicht das Thermometer diesmal nur 1,7 °C.

1901

Gesellschaft

Die Mißhandlung von Kindern wird erstmals öffentlich diskutiert. Ein Artikel in der Zeitschrift »Die Woche« verurteilt Prügel und Vernachlässigung in der Erziehung. Gleichzeitig wird in Berlin die Ausstellung »Kunst im Leben des Kindes« eröffnet. Auch sie dokumentiert das wachsende Interesse an der kindlichen Lebenswelt.

Gesellschaft

Straßenfeste und Umzüge erinnern im US-Bundesstaat Texas an die Unabhängigkeitserklärung, mit der sich das Gebiet vor 65 Jahren von Mexiko losgesagt hatte. 1845 wurde Texas dann als 28. Bundesstaat in die Vereinigten Staaten von Amerika aufgenommen. Der Krieg zwischen den USA und Mexiko 1846–48 besiegelte die Grenzverschiebung.

**Rekorde
1900–1909**

400 m: Maxey Long
(USA) – 47,8 sec (1900)
Weitsprung:
Peter O' Connor (IRL)
– 7,61 (1901)
Stabhochsprung:
Walter Dray (USA)
– 3,90 m (1908)
Kugelstoßen: R. Rose
(USA) – 15,56 m (1909)

Wetter

Der Frühling kündigt sich endlich an. Nachdem zum Jahresbeginn außergewöhnlich strenge Minustemperaturen geherrscht haben, steigt das Thermometer im März auf Werte um 3,5 °C.

Sonntag 2. März

 Politik

Die Französische Sozialistische Partei (PSF) wird aus der Taufe gehoben. Verschiedene sozialistische Verbände beschließen auf einer Konferenz in Tours den Zusammenschluß. Die Partei versichert sich mit populären Forderungen der Unterstützung der Arbeiter. Schon nach den Kammerwahlen im Mai zieht sie mit 37 Abgeordneten ins Parlament ein.

Preise in den Jahren 1900–1909

1 kg Butter	2,46
1 kg Mehl	0,35
1 kg Fleisch	1,55
1 Ei	1,05
1 l Vollmilch	1,00
10 kg Kartoffeln	0,65

in Mark, Stand 1905

 Politik

Neuer brasilianischer Staatschef ist Francisco de Paula Rodriguez Alves. Er ist der vierte frei gewählte Präsident seit dem Untergang des brasilianischen Kaiserreiches 1888/89. Die junge Republik hat aber arge wirtschaftliche Probleme. Die Zukkerkrise seit 1890 und die 1896 ausgebrochene Kaffeekrise sind längst noch nicht überwunden.

 Wetter

Buchstäblich ins Wasser fällt der März in diesem Jahr. Der zu erwartende Niederschlag, der für den Monat bei 31 mm liegt, wird weit übertroffen. 75 mm geben die Wolken von sich.

1903

Montag 2. März

Gesellschaft

Ein Kirchenskandal endet glimpflich. Im Februar hat der Bischof von Trier von der Kanzel herab den Besuch staatlicher Schulen verboten. Sollten katholische Eltern sich dennoch dazu hinreißen lassen, ihre Kinder auf eine solche Schule zu schicken, könnten sie »im Sakrament der Buße nicht losgesprochen werden«. Nach heftigen Protesten, an denen sich auch die Reichsregierung beteiligt, muß der Bischof heute selbst Buße tun und seine Drohungen zurücknehmen.

Gesellschaft

Berlin nimmt Abschied von zwei preußischen Hoheiten. Die beiden ältesten Söhne Kaiser Wilhelms II., der 21jährige Kronprinz Wilhelm und sein Bruder Eitel Friedrich, treten eine mehrwöchige Orientreise an, die mit einem Besuch beim osmanischen Sultan enden soll. Die deutsch-türkischen Beziehungen sind ausgezeichnet.

Wetter

Besonders schön ist der März in diesem Jahr. Die Temperaturen steigen auf 7,1 °C und liegen damit mehr als drei Grad über dem langjährigen Mittelwert für diesen Monat. Mit 15 mm Niederschlag bleibt es trockener als gewöhnlich.

Mittwoch 2. März

 Gesellschaft

Aus völlig ungeklärter Ursache stürzt in New York die Stahlkonstruktion für einen Hotelneubau in sich zusammen. Als das Unglück geschieht, hat der Rohbau bereits das elfte Stockwerk erreicht. Zahlreiche Bauarbeiter werden mit in die Tiefe gerissen. Acht von ihnen kommen ums Leben. Natürlich wird die Kritik an den Hochhäusern sofort wieder lauter. Die Bauten sind noch eine relativ neue Erfindung: Als Mutter aller Wolkenkratzer gilt das zehnstöckige Home Insurance Building, das 1885 in Chicago entstand.

 Kultur

Ein enttäuschtes Publikum hinterläßt die Uraufführung der Schäfertragödie »Die Tochter des Iorio« aus der Feder des italienischen Dichters Gabriele D'Annunzio in Mailand. Die Zuschauer finden die Sprache gestelzt und das Stück selbst langweilig.

»Linie ohne Bauch«: Das Korsett, ein modisches Muß für die elegante Frau

Wetter

Mit 4,1 °C recht mild ist es im März 1904. Mit nur 17 mm Regen bleibt es relativ trocken (langjähriger Mittelwert 31 mm).

Donnerstag 2. März

Ein kostspieliges Mißverständnis wird in London ausgebügelt. Ende 1904 hat ein russisches Geschwader bei der Doggerbank in der Nordsee eine Ansammlung britischer Fischerboote für einen Torpedobootangriff gehalten und gefeuert. Um die seither unterkühlten russisch-britischen Beziehungen wieder zu verbessern, leitet der russische Botschafter in London 1,3 Mio. Mark als Entschädigung an die britische Regierung weiter.

Gute Figur in Sakkoanzug und Wettermantel: Die Mode für den Herrn

Politik

Das deutsche Sozialversicherungssystem soll weiter ausgebaut werden. Dies teilt der Staatssekretär des Inneren, Graf Posadowsky-Wehner, mit. Reichskanzler Otto von Bismarck hat in den 1880er Jahren im Deutschen Reich Kranken- und Invalidenversicherungen eingeführt.

Wetter

Feuchter und wärmer als gewöhnlich präsentiert sich der März in diesem Jahr. Es fallen 41 mm Niederschlag, und die Temperaturen halten sich bei durchschnittlich 5,3 °C auf.

1906

Freitag 2. März

Gesellschaft

Zwei Tage nach dem offiziellen Karnevalsende werden mehrere Hundert Franzosen wieder auf freien Fuß gesetzt. Sie waren am Rosenmontag, dem Höhepunkt der »fünften Jahreszeit«, in Paris festgenommen worden, weil sie nach Polizeiaussagen mit »verbotenen Waffen« wie Säbeln und Pistolen ausgerüstet waren.

Politik

Katholiken gehen auf die Barrikaden, als die französische Regierung Polizisten und Soldaten befiehlt, gewaltsam in die Kirchen einzudringen, um deren Inventar zu registrieren. Die französische Regierung verfolgt seit der Jahrhundertwende mit ihrem Gesetz zur Trennung von Staat und Kirche eine antiklerikale Politik, die die Kirche als Bastion der Konservativen ausschalten soll. Seit dem Mittelalter hat sich der große Einfluß der römisch-katholischen Kirche in der französischen Gesellschaft, vor allem auf dem Land, erhalten.

Wetter

Regen macht den März 1906 unwirtlich. Während die monatliche Niederschlagsmenge im langjährigen Mittel 31 mm beträgt, fällt sie in diesem Jahr mit 68 mm mehr als doppelt so hoch aus.

Samstag 2. März

Bomben mitten in Petersburg findet die Polizei nach einem Tip in einem ganz normalen Wohnhaus. Rasch wird klar, daß es sich um ein Depot linksgerichteter Revolutionäre handelt. 1905 scheiterte die erste russische Revolution am brutalen Einschreiten des zarentreuen Militärs. Dennoch bleiben Unruhen, Anschläge und Streiks gegen die schlechten Lebensbedingungen der verarmten Massen in Rußland und die Unterdrückung durch den despotischen Zaren an der Tagesordnung.

> Der Neugier der Bevölkerung wird ein Riegel vorgeschoben. Ab sofort werden die allseits beliebten Ausflüge in das zentrale Leichenschauhaus der Stadt verboten. Es bleibt künftig für die Öffentlichkeit geschlossen.

Kultur

Mit seiner Operette »Ein Walzertraum« schafft der 37jährige österreichische Komponist Oscar Straus den internationalen Durchbruch. Das Premierenpublikum im Wiener Hoftheater feiert das Meisterwerk des Jahres mit stehenden Ovationen. Den Erfolg kann Straus nicht wiederholen.

Wetter

Einem ungewöhnlich harten Winter folgt im März 1907 ein mildes Frühlingserwachen, das mit Temperaturen um 4 °C den Schnee schmelzen läßt.

1908

Montag 2. März

 Gesellschaft

Der Anarchismus fordert weitere Opfer. Bei einem Attentat werden der Polizeichef von Chicago und sein Sohn schwer verletzt. Wie sich bei den Nachforschungen herausstellt, gehört der Attentäter einer anarchistischen Vereinigung an. Diese politisch radikale Gruppe, die jede Form von Autorität und staatlicher Ordnung ablehnt und bekämpft, erhält in den USA ständig Zulauf durch Einwanderer aus Europa.

 Technik

Wissenschaftler trauen ihren Augen nicht, als sie in Paris die weltweit ersten »dreidimensionalen« Farbfotografien zu Gesicht bekommen. Der französische Physiker Gabriel Lippmann hat sie möglich gemacht. Ende des Jahres wird er für das von ihm entwickelte fototechnische Verfahren mit dem Physiknobelpreis ausgezeichnet. Schon 1891 hat Lippmann die erste Farbbildaufnahme überhaupt »geschossen«.

Wetter

Mittelmäßig ist der März in diesem Jahr. Die Temperaturen liegen voll im langjährigen Durchschnitt von 3,9 °C, und es fällt etwas mehr Niederschlag (39 mm), als zu erwarten wäre.

Dienstag 2. März

Kultur

Seinen 50. Geburtstag feiert heute der Schriftsteller Scholem Aleichem. Der in Rußland geborene Dichter verfaßt Werke in jiddischer Sprache. Seine Romane, wie »Tewje, der Milchmann« oder »Menachem Mendel«, erzählen vom Leben der Juden in Rußland und in der Emigration.

Sport

Die Weltmeisterschaft im Eisschnellaufen wird im norwegischen Christiania (Oslo) eröffnet. Der Titelverteidiger Oskar Mathisen aus Norwegen erringt gegen den russischen Läufer Nikolai Srunikow erneut den ersten Platz. In diesem Jahr stellt Mathisen über die 1000 m einen neuen Weltrekord auf, der erst 1929 unterboten wird – und zwar von dem dann 40jährigen selbst.

Strom statt Dampf: Die Dampflok bekommt Konkurrenz. Bei Magdeburg, Bitterfeld und Leipzig werden erstmals im Deutschen Reich vielbefahrene Eisenbahnstrecken elektrifiziert.

Wetter

Kälte und Regen bestimmen den März 1909. Die Durchschnittstemperatur liegt mit 2,2 °C deutlich unter dem langjährigen Mittel (3,9 °C), dafür übersteigen die Niederschläge mit 54 mm das gewöhnliche Maß (31 mm).

1910-1919

Highlights des Jahrzehnts

- Georg V. wird nach dem Tod Eduards VII. britischer König
- Der Halleysche Komet passiert die Erde
- Bürgerliche Revolution beendet Monarchie in Portugal
- Wassily Kandinsky begründet die abstrakte Malerei
- Sieg des Schwarzen Jack Johnson bei Box-WM

1911

- Bürgerkrieg in Mexiko
- »Panthersprung nach Agadir« löst Zweite Marokkokrise aus
- Militärputsch leitet chinesische Revolution ein
- Roald Amundsen gewinnt den Wettlauf zum Südpol

1912

- Erster Balkankrieg
- Woodrow Wilson wird 28. US-Präsident
- Untergang der »Titanic«
- Büste der ägyptischen Königin Nofretete gefunden

1913

- Zweiter Balkankrieg
- Niels Bohr entwirft neues Atommodell
- Größter Bahnhof der Welt (Grand Central Station) in New York eingeweiht

1914

- Österreichs Thronfolger in Sarajevo ermordet
- Ausbruch des Ersten Weltkrieges
- Eröffnung des Panamakanals

1915

- Stellungskrieg im Westen
- Beginn der Ostoffensive
- Charlie Chaplin wird mit »Der Tramp« Star des US-Kinos
- Versenkung der »Lusitania« durch ein deutsches U-Boot

1916

- Schlacht um Verdun
- Osteraufstand in Irland niedergeschlagen
- Seeschlacht vor dem Skagerrak
- Der österreichische Kaiser Franz Joseph I. stirbt
- Rasputin ermordet

1917

- Beginn des uneingeschränkten U-Boot-Krieges
- Zar Nikolaus II. dankt ab
- Oktoberrevolution in Rußland

1918

- US-Präsident Wilson verkündet 14-Punkte-Programm zur Beendigung des Krieges
- Russische Zarenfamilie ermordet
- Waffenstillstand von Compiègne beendet Ersten Weltkrieg
- Novemberrevolution: Kaiser Wilhelm II. dankt ab, Philipp Scheidemann ruft die deutsche Republik aus

1919

- Spartakusaufstand niedergeschlagen
- Rosa Luxemburg und Karl Liebknecht ermordet
- Friedrich Ebert erster Reichspräsident
- Versailler Vertrag

◀ **Im Kampf gegen widrige Verhältnisse: Charlie Chaplin als »Tramp« (1915)**

Mittwoch 2. März

Die böhmischen »Irrenanstalten« müssen ihre 280 Insassen entlassen, weil kein Geld mehr da ist. Böhmen, das später zur Tschechoslowakei gehört, ist noch ein Teil Österreich-Ungarns. Deutsche und Tschechen bekämpfen einander in dem von Wien abhängigen Land. Das ist auch der Grund für die Freilassung der Nervenkranken, denn die Deutschen im böhmischen Parlament verhindern seit Monaten die Verabschiedung des Haushalts und bringen Böhmen deshalb in Geldschwierigkeiten.

Trotz Verhaftung und Gefängnisstrafe wegen »Aufreizung gegen die öffentlichen Gewalten« gibt der französische Sozialist Gustave Hervé keine Ruhe. Kaum entlassen, kündigt er auf einer Versammlung von Sozialisten an, daß er aus der Partei austreten und eine eigene Partei, die »Umsturzsozialisten«, gründen werde.

Mild und etwas zu trocken ist der Frühlingsauftakt 1910. Die Temperaturen von durchschnittlich 4,9 °C liegen ein Grad über dem langjährigen Mittelwert. Im Vergleich zu den Vorjahren fällt in diesem Monat sehr wenig Regen (20 mm).

1911

Donnerstag 2. März

Die Fremdenfeindlichkeit in Preußen erregt die Gemüter. In Böhmen gehen Tausende auf die Straße, um gegen die Ausweisung tschechischer Gastarbeiter aus Preußen zu demonstrieren. Obwohl sie meist unfreundlich und ablehnend behandelt werden, drängen jährlich rund 400 000 Arbeitsuchende aus Rußland, Galizien, und Böhmen nach Norddeutschland.

Politik

> **Stars der Jahre**
> **1910–1919**
>
> **David Wark Griffith**
> Filmregisseur
> **Mary Pickford**
> Filmschauspielerin
> **Enrico Caruso**
> Sänger
> **Douglas Fairbanks**
> Filmschauspieler
> **Charlie Chaplin**
> Filmschauspieler

Einer Zeitenwende gleich kommt ein heute vom britischen Unterhaus angenommenes Gesetz: Die »Vetobill« hebt das Einspruchsrecht des Oberhauses auf und entmachtet die Lords in der Adelskammer weitgehend. Die Abgeordneten des Unterhauses werden in Großbritannien gewählt, die Lords erben ihren Oberhaussitz. Großbritannien, die »Mutter der Demokratie«, ist wieder ein Stück demokratischer geworden.

Wetter

Freundlich präsentiert sich der März 1911. Das Quecksilber steigt auf durchschnittliche 5 °C.

1912

Samstag 2. März

 Politik

Ein bühnenreifes Säbelduell zwischen zwei Abgeordneten des ungarischen Abgeordnetenhauses bildet den Höhepunkt des monatelangen Streits zwischen Regierung und Opposition. Es geht um eine Wehrreform. Die Opposition lehnt die Verkürzung der Militärdienstzeit auf zwei Jahre und die Erhöhung des Truppenkontingents ab. Das Duell bringt auch keine Entscheidung: Beide Parlamentarier verletzen sich leicht.

 Gesellschaft

Die britische Frauenbewegung macht Schlagzeilen. Ihr radikaler Flügel, die Suffragetten, hat gestern in London Schaufensterscheiben eingeschlagen und vor dem Sitz des Premierministers randaliert, weil das Frauenwahlrecht vom Parlament abgelehnt wurde. Das Benehmen der Damen wird heute in allen Zeitungen getadelt. Eine deutsche Zeitschrift schlägt den Briten augenzwinkernd vor, die »Frauenpower« zu Verteidigungszwecken im Kriegsfall zu nutzen.

 Wetter

Zu warm und zu trocken wie schon in den Vorjahren zeigt sich der März auch 1912. Auf 7,0 °C Durchschnittstemperatur steigt das Thermometer.

Sonntag 2. März

Sport

»**Schlittenfahrer aller deutschen Länder**, vereinigt euch« könnte das Motto für die heutige Hauptversammlung des Deutschen Rodelbundes lauten. Die in Leipzig tagenden Delegierten beschließen die Gründung eines Mitteleuropäischen Schlittensportverbandes. Neben dem Rodelbund gehören ihm der Deutsche Bobsleigh-Verband, der Deutsche Skeleton-Verband und der Verband Deutscher Schlittensportvereine Österreichs an. Noch 1913 findet die erste deutsche Schlittenmeisterschaft für Herren statt.

Sport

Zwei deutsche Schwimmrekorde der Frauen werden aus Magdeburg gemeldet: Grete Rosenberg aus Hannover schwimmt die 100 m Freistil in 1:22,3 min, und die Hamburgerin Maria Bertram erreicht über 100 m Rücken eine Zeit von 1:42,0 min.

Preise in den Jahren 1910–1919	
1 kg Butter	2,74
1 kg Mehl	1,90
1 kg Fleisch	3,00
1 Ei	0,13
1 l Vollmilch	0,25
10 kg Kartoffeln	3,30
Stundenlohn	0,66
in Mark, Stand 1913	

Wetter

Mit Macht will es Frühling werden. Die Temperaturen steigen im März 1913 auf Werte um 7,2 °C und lassen den langjährigen Mittelwert (3,9 °C) weit hinter sich.

Montag 2. März

Gesellschaft

Georg Simmel nimmt Abschied. Der berühmte deutsche Soziologe und Philosoph hält seine letzte Vorlesung in Berlin, wo er seit 13 Jahren als Professor tätig war. Mit seinen grundlegenden Forschungen gehört Simmel zu den Wegbereitern der modernen soziologischen Wissenschaft.

Politik

Die Herrenkleidung wird sportlicher. Dazu gehört der weiche Hut

Panik auf dem diplomatischem Parkett bricht aus, als in der »Kölnischen Zeitung« ein Artikel erscheint, der alarmierende Meldungen über russische Kriegsvorbereitungen gegen das Deutsche Reich verbreitet. Im Ausland wächst daraufhin die Furcht vor einem deutsch-russischen Krieg. Der Artikel ist Teil einer antirussischen Pressekampagne der deutschen Reichsregierung. Die schweren internationalen Spannungen der letzten Jahre münden in diesem Sommer in den Ersten Weltkrieg.

Wetter

Ungewöhnlich viel Regen bei milden Temperaturen um 5,8 °C fällt im März 1914.

Dienstag 2. März

Die ersten schwerverwundeten Kriegsgefangenen des Ersten Weltkriegs werden zwischen Frankreich und dem Deutschen Reich ausgetauscht. Auf Initiative von Papst Benedikt XV. kam im Januar eine entsprechende Vereinbarung zustande. Die Soldaten werden in Konstanz feierlich empfangen: mit Blumen, Kaffee, Zigarren und einem Telegramm von Kaiserin Auguste Viktoria.

Gemüse verunziert in Zukunft die kaiserlichen Hofgärten Österreich-Ungarns. Um die drohende Hungersnot der Bevölkerung abzuwenden, geht der Kaiser mit gutem Beispiel voran und verordnet den höfischen Gemüseanbau. Bereits im Februar wurden die Bäcker angewiesen, Mehl und Getreide zu strecken, um die Versorgung im Ersten Weltkrieg zu sichern.

Das praktische Sportkleid für die Jagd und für Bergtouren

Erstmals seit Jahren liegen die Märztemperaturen 1915 mit 1,7 °C wieder unter dem Standard.

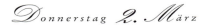

1916

Gesellschaft

Es sieht schlecht aus an der deutschen »Nahrungsmittelfront«. Wegen der schlechten Ernte müssen die Großhandelspreise für Kartoffeln angehoben werden. 20 Zentner kosten jetzt 96 Mark. Die Versorgungskrise schlägt sich auch in den Zuteilungen für die Deutschen nieder. Pro Woche gibt es 3,5 kg Kartoffeln, 200 g Brot oder Mehl, ein Ei und gerade einmal 0,7 l Milch.

Deutschlands Presse ermahnt die deutschen Frauen, ihren Männern keine wehrzersetzenden »Jammerbriefe« mehr zu schreiben. Ihre Sorgen stünden ohnehin in keinem Verhältnis zum Frontalltag.

Politik

Kinder werben für den Krieg. Ein Geheimerlaß des preußischen Kriegsministeriums schreibt vor, daß an den Schulen die Wehrerziehung intensiviert werden soll. Schülern soll der »Sinn des Weltkrieges« plausibel gemacht werden, damit sie zu Hause ihre kriegsmüden Eltern motivieren können.

Wetter

Recht mild und sehr trocken verläuft der März des dritten Weltkriegsjahres. Das Thermometer zeigt Temperaturen um 4,5 °C an. Während gewöhnlich 31 mm Regen fallen, werden in diesem Jahr nur 12 mm gemessen.

1917

Freitag 2. März

Politik

Amerika wird größer. Die Insel Puerto Rico im Karibischen Meer gilt ab heute durch den Jones Act als US-amerikanisches Territorium. Die Einwohner werden Bürger der USA, allerdings vorläufig noch mit eingeschränkten Rechten. Seit dem Spanisch-Amerikanischen Krieg 1898 war Puerto Rico eine Kolonie der USA.

Gesellschaft

Deutschstämmige Amerikaner spenden umgerechnet 500 000 DM, um Kriegswitwen und ihre Kinder im Deutschen Reich zu unterstützen. Die vielen Millionen aus Deutschland stammenden US-Bürger sind einer der Gründe, warum Amerika bisher im Ersten Weltkrieg neutral blieb. Das ändert sich aber 1917. Der deutsche U-Boot-Krieg, der sich auch gegen US-Schiffe richtet, führt im April zum Kriegseintritt. Damit ist die deutsche Niederlage nur noch eine Frage der Zeit; Ende 1918 ist es soweit.

Wetter

Nach einem harten Winter erwärmt sich die Luft im März 1917 nur ganz allmählich. Das Thermometer steigt im Monatsdurchschnitt gerade eben über den Gefrierpunkt. Wie in den ersten beiden Monaten fällt auch im März noch häufig Schnee.

*Samstag **2.** März*

Politik

**Rekorde
1910–1919**

Schwimmen: H. Hebner (USA) – 1:20,8 min/ 100 m Rücken (1912)
100 m: Nina Popowa (RUS) – 13,1 sec (1913)
Hochsprung: C. Larson (USA) – 2,03 m (1917)
Speerwerfen: Jonni Myyrä (FIN) – 66,10 m (1919)

Griechische Offiziere überfallen den Sitz der Regierung von Eleftherios Weniselos, der Griechenland an der Seite der Ententemächte Frankreich und Großbritannien in den Ersten Weltkrieg geführt hat. Die deutschfreundliche Offiziersclique scheitert mit ihrem Versuch, Griechenland aus dem Bündnis herauszuputschen. Weniselos hat 1916 mit Hilfe der Briten eine Gegenregierung gegen den neutral gesinnten König Konstantin I. gegründet und ihn praktisch zur Abdankung gezwungen.

 Kultur

Die »Venus mit dem Orgelspieler« reist von Wien nach Berlin. Das berühmte Gemälde des italienischen Renaissance-Malers Tizian wurde vom Kaiser-Friedrich-Museum in Berlin für 800 000 Mark aus Privatbesitz erworben.

 Wetter

Wärmer als im letzten Jahr gestaltet sich der Frühlingsanfang 1918. Das Thermometer klettert gelegentlich schon auf Temperaturen über 4,4 °C.

1919

Sonntag 2. März

Politik

Die Kommunistische Internationale erblickt das Licht der Welt. In Moskau schließen sich Vertreter von 35 kommunistischen Parteien und Gruppen aus den USA, Europa und Asien unter dem Vorsitz von Wladimir I. Lenin zur sog. Komintern zusammen. Ihr Ziel ist die Mobilisierung der »Proletarier« für die kommunistische Weltrevolution. Sie soll von Sowjetrußland ausgehen; dort herrschen seit der Oktoberrevolution 1917 die Kommunisten.

Gesellschaft

Zehntausende Berliner ziehen zum Lehrter Bahnhof um General Paul von Lettow-Vorbeck zu empfangen. Der Kommandant der deutschen Truppen in Deutsch-Ostafrika gilt als einer der »Helden« des 1918 beendeten Ersten Weltkrieges, weil er sich mit nur einigen Tausend Soldaten über vier Jahre gegen die britische Übermacht gehalten hat. Das Deutsche Reich muß nun aber alle Kolonien an die Siegermächte abtreten.

Wetter

Ganz normal präsentiert sich der März 1919. Das Thermometer steigt auf Werte um 3,2 °C. Wie die Temperaturen weicht auch die Niederschlagsmenge (40 mm) kaum vom Standard ab.

1920-1929

Highlights des Jahrzehnts

1920

- Prohibition: Alkoholverbot in den USA
- NSDAP verabschiedet ihr Programm
- Kapp-Putsch scheitert
- Erstmals Salzburger Festspiele

1921

- Alliierte besetzen das Rheinland
- Hitler wird NSDAP-Vorsitzender
- Hormon Insulin entdeckt
- Rudolph Valentino wird Frauenidol
- Vertrag von Sèvres bedeutet Ende des Osmanischen Reichs

1922

- Hungersnot in Rußland
- »Deutschlandlied« wird zur Nationalhymne erklärt
- Mussolinis Marsch auf Rom
- Gründung der UdSSR
- Grab des Tutanchamun entdeckt
- Deutsch-russische Annäherung durch Vertrag von Rapallo
- Gründung der BBC
- Johnny Weissmuller stellt über 100 m Kraul den ersten seiner 67 Weltrekorde auf (58,6 sec)

1923

- Franzosen besetzen Ruhrgebiet
- Hitlers Putschversuch scheitert
- Währungsreform beendet Inflation im Deutschen Reich
- Die Türkei wird Republik

1924

- Erstmals Olympische Winterspiele
- Revolutionsführer Lenin stirbt
- Dawes-Plan lockert finanzielle Zwänge für Deutschland
- VIII. Olympische Spiele: Läufer Paavo Nurmi gewinnt 5 Goldmedaillen

1925

- Einparteiendiktatur in Italien
- Neugründung der NSDAP
- Hindenburg wird nach dem Tod Eberts Reichspräsident
- Europäische Entspannung durch Locarno-Pakt
- Joséphine Baker wird im Bananenröckchen zum Weltstar

1926

- Japans Kaiser Hirohito besteigt den Thron
- Militärputsch Pilsudskis in Polen
- Walt Disneys Mickey Mouse erblickt das Licht der Welt
- Deutschland im Völkerbund

1927

- Stalin entmachtet politische Gegner
- Charles Lindbergh überfliegt den Atlantik
- Uraufführung des Films »Metropolis« von Fritz Lang

1928

- Briand-Kellogg-Pakt zur Kriegsächtung unterzeichnet
- Alexander Fleming entdeckt das Penicillin
- »Dreigroschenoper« von Brecht und Weill uraufgeführt
- Erste Transatlantik-Fluglinie

1929

- Youngplan regelt Reparationen
- »Schwarzer Freitag« in New York löst Weltwirtschaftskrise aus
- Erste Oscar-Verleihung in Hollywood
- Antikriegs-Roman »Im Westen nichts Neues« von Erich Maria Remarque

◀ **Unnahbare Schönheit: Marlene Dietrich auf dem Weg zum Welterfolg**

1920

Dienstag 2. März

⊕ *Politik*

Zu ungewöhnlichen Mitteln greift die deutsche Reichsregierung, um ihre Schulden begleichen zu können. Sie enteignet alle deutschen Handelsschiffe über 1600 BRT, um die ersten fälligen Zahlungen an die Alliierten leisten zu können. Im Januar ist der nach dem Ersten Weltkrieg geschlossene Versailler Friedensvertrag in Kraft getreten, der umfangreiche Wiedergutmachungszahlungen des Deutschen Reiches vorsieht.

 Kultur

Preise in den 20er Jahren

1 kg Butter	3,60
1 kg Mehl	0,50
1 kg Fleisch	2,50
1 Ei	0,20
10 kg Kartoffeln	0,80
Stundenlohn	0,93

in RM, Stand 1926
(ohne Inflationsjahre)

»Jenseits des Horizonts« wird zu einem der größten Erfolge des US-amerikanischen Schriftstellers Eugene O'Neill. Das Drama, das von enttäuschten Wünschen und nicht erreichten Zielen handelt, zieht noch nach einem Monat Laufzeit Hunderte begeisterter Zuschauer ins Morosco Theatre in New York.

 Wetter

Mit Sonnenschein und außergewöhnlich milden Temperaturen um 7,0 °C erfreut der März 1920 die Menschen. Das strahlende Frühlingswetter wird nur selten von Schauern getrübt.

Mittwoch 2. März

Politik

16 000 hungernde Matrosen proben den Aufstand. Auf der sowjetischen Seefestung Kronstadt demonstrieren sie gegen die katastrophale Versorgungslage. Der russische Bürgerkrieg und die kommunistische Umformung der Wirtschaft haben das Land in eine Hungersnot gestürzt. Einige Tage darauf beschließt die KP-Führung einen krassen Kurswechsel: Die Wirtschaft wird durch bislang verpönte marktwirtschaftliche Elemente angekurbelt.

Gesellschaft

Beschwerden ohne Ende registriert die Stadt Düsseldorf. Einen Monat nach der Einrichtung der ersten Beschwerdeabteilung für Mieter ruft der Leiter des Wohnungsamtes den Notstand aus. Sein Büro wird dem täglichen Ansturm der Entrüsteten nicht mehr Herr. Die hilfesuchenden Mieter beklagen sich vor allem über Mieterhöhungen und mangelnde Instandhaltung ihrer Wohnungen. Besonders in den Großstädten leben immer noch viele Menschen in katastrophalen Verhältnissen.

Wetter

Milde Witterung, die seit Jahresbeginn vorherrscht, bestimmt auch den März 1921. Es ist sonnig bei Temperaturen um 6,6 °C.

1922

 Gesellschaft

Riesige Eisschollen treiben auf der Oder und reißen ein 20 m breites Loch in den Flußdamm. Die Wassermassen erreichen in nur wenigen Minuten Treschen und Pleischwitz und drohen bis Breslau vorzudringen. Die Bewohner der beiden Dörfer sind tagelang von der Außenwelt abgeschlossen.

Stars der 20er Jahre

Buster Keaton
Filmschauspieler
Johnny Weissmuller
Schwimmer
Rudolph Valentino
Filmschauspieler
Joséphine Baker
Tänzerin
Charles Lindbergh
Flieger

 Politik

Der Zankapfel Saarland gibt Anlaß zu neuen Streitereien. Deutsche Regierungsvertreter protestieren gegen die Einführung des Französisch-Unterrichts in saarländischen Schulen. Seit Ende des Ersten Weltkrieges untersteht das Gebiet dem Völkerbund, wird faktisch aber von den Franzosen regiert, die die Angliederung des Saarlandes an Frankreich betreiben. Nach einer Abstimmung 1935 fällt die Saar zurück an Deutschland.

 Wetter

Nach einem ungewöhnlich kalten Winter steigen die Temperaturen im März 1922 auf Werte um 4,0 °C. Es dominiert sonniges Wetter.

Freitag 2. März

Gesellschaft

Über das Alkoholverbot in Norwegen will die Regierung nicht erneut das Volk befragen. 1919 hat eine große Mehrheit der Norweger gegen den »Teufel Alkohol« gestimmt – fast zeitgleich begann übrigens auch in den USA die Prohibition. Erst 1927 gibt es in Norwegen wieder Bier, Wein und Schnaps zu kaufen. 1933 endet die Prohibition in den USA. In Finnland, wo Alkohol seit 1915 verboten ist, darf der Stoff erst 1989 wieder frei verkauft und ausgeschenkt werden.

Kultur

»Madame Pompadour«, eine Operette des 50jährigen österreichischen Komponisten Leo Fall, avanciert in Wien zum Höhepunkt der diesjährigen Opernsaison. Das Premierenpublikum und die Kritiker sind einmütig begeistert. Mit diesem Werk übertrifft Fall seine bisherigen Erfolge bei weitem.

Das berühmteste Rehkitz aller Zeiten erblickt das Licht der Welt: »Bambi« von Felix Salten rührt Tausende zu Tränen. Seine Geschichte wird 1942 von dem Trickfilmer Walt Disney visualisiert.

Wetter

Trocken und mild ist der März 1923. Die Temperaturen steigen auf Werte um 5,6 °C. Wie in den Vorjahren fällt nur wenig Niederschlag.

Sonntag 2. März

Gesellschaft

Der Mitteldeutsche Rundfunk geht in Leipzig auf Sendung und ist damit nach der Funkstunde AG in Berlin der zweite öffentliche Rundfunksender des Deutschen Reiches. Der MDR begrüßt seine Zuhörer mit Unterhaltungsmusik und Nachrichten aus aller Welt. Die Verbreitung des Rundfunks macht vor allem den Zeitschriften Konkurrenz, die vor der geistigen Manipulation durch Radiohören warnen. Die Nazis werden tatsächlich das Radio zum Propagandamittel Nummer eins ausbauen; was nicht heißt, daß sie die Printmedien als Propagandainstrument vernachlässigen.

Kultur

Der 100. Geburtstag des tschechischen Komponisten Friedrich Smetana wird in Prag mit einer Aufführungsreihe seiner Werke gefeiert. Zur Eröffnung wird seine wohl berühmteste Komposition »Die Moldau« gespielt. Es folgen Aufführungen seiner Opern »Die verkaufte Braut« und »Libussa«.

Wetter

Zum ersten Mal seit Jahren bleiben 1924 die Temperaturen im März unter dem langjährigen Mittelwert für den Monat (3,9 °C). Mit durchschnittlich 2,3 °C ist es trotz vieler sonniger Tage relativ kalt.

Montag 2. März

Politik

Angst vor der eigenen Courage prägt die Politik der japanischen Regierung. Das Parlament beschließt ein allgemeines Wahlrecht für Männer über 25 Jahren und billigt damit, daß die Zahl der Wähler um das Vierfache wächst, da bislang nur die wohlhabenderen Japaner stimmberechtigt waren. Gleichzeitig tritt aber ein Gesetz in Kraft, das die rücksichtslose Unterdrückung jeglicher politischer Opposition erlaubt. Offen wird die Diktatur in Japan in den 30er Jahren, als das Militär de facto den Staat beherrscht.

Sport

Einen neuen Weltrekord stellt der Schwede Arne Borg beim Internationalen Schwimmwettkampf in Miami (USA) auf. Er schwimmt 300 m Freistil in 3:28,2 min und liegt damit mehr als sechs Sekunden unter dem bisherigen Rekord.

Frauenrechtlerinnen fordern die gestern erlassene sowjetische Reform auch für Deutschland. Frauen können dort bei der Heirat selbst entscheiden, welchen Familiennamen sie tragen wollen.

Wetter

Zu kühl – wie im letzten Jahr – ist es auch im März 1925. Bei durchschnittlich 2,1 °C setzt sich die Sonne zwar häufig gegen graues Regenwetter durch, der Frühling läßt aber auf sich warten.

Dienstag 2. März

Gesellschaft

Im Hultschiner Ländchen wird der deutschsprachige Schulunterricht verboten. Die Region wurde nach dem Ersten Weltkrieg vom Deutschen Reich abgetrennt und an die Tschechoslowakei angeschlossen. Seither versucht die tschechoslowakische Regierung die deutschen Kultureinflüsse in diesem Gebiet zurückzudrängen.

Kultur

Tiefe Taille und schmale Silhouette: Mode im Zeichen des Art déco

Im Theater am Schiffbauerdamm in Berlin wird »Der Tausch« uraufgeführt. Das Stück des französischen Dichters Paul Claudel ist die erste Premiere, seit die Berliner Volksbühne unter Leitung von Erwin Piscator das Theater übernommen hat. Claudels Stück, das vom Konflikt zwischen Körper und Seele handelt, wird ein großer Erfolg.

Wetter

Relativ mild, aber zu naß präsentiert sich der März 1926. Die Temperaturen erreichen Werte um 4,1 °C. Es fallen 59 mm Niederschläge, während der langjährige Mittelwert für den März bei 31 mm liegt.

Mittwoch 2. März

Politik 🌐

Die deutschen Kommunisten sagen der Sozialdemokratie den Kampf an. Auf dem 11. Parteitag der KPD in Essen führt der Vorsitzende Ernst Thälmann vor seinen Genossen aus, daß es ihre Aufgabe sei, die »Diener des Systems« zu stürzen. Für die Kommunisten ist die SPD ein Handlanger des Kapitalismus.

Vornehm und doch lässig: Burberry aus imprägniertem Baumwollstoff

Kultur 🎭

Die Revue »Wie einst im Mai« von Erik Charell hat im Großen Schauspielhaus in Berlin Premiere. Das unterhaltsame Programm bietet Tanz- und Gesangsnummern, Sketche und Szenen in loser Folge. Das Publikum ist begeistert. Charell gehört neben Hermann Müller und James Klein zu den erfolgreichsten deutschen Revueproduzenten.

Wetter

Strahlender Sonnenschein begleitet den März 1927. Die Temperaturen liegen durchschnittlich bei 7,0 °C und übertreffen damit den langjährigen Durchschnittswert (3,9 °C) deutlich. Nur gelegentlich gibt es Regenschauer.

Freitag 2. März

Bewaffnet mit einem Sprengsatz von 14 Pfund Gewicht verleiht ein ehemaliger ostafrikanischer Farmer in Berlin seinen finanziellen Forderungen Nachdruck. Er nimmt den Leiter des Reichsentschädigungsamtes als Geisel und verlangt die sofortige Auszahlung von 33 000 RM. Diese Summe stehe ihm als Ausgleich für seine Farm zu, die er nach dem Verlust der deutschen Kolonien nach dem Ersten Weltkrieg aufgeben mußte. Die Polizei kann den verzweifelten Mann überwältigen und den Sprengsatz sicherstellen.

Die Sicherheit im Bergbau wird im Reichstag diskutiert. Die KPD-Abgeordneten verlangen bessere Schutzmaßnahmen. Anlaß dazu gibt ein Grubenunglück, dem gestern in Erkenschwick zwölf Bergleute zum Opfer gefallen waren, als die Förderanlage versagte, mit der die Arbeiter zu ihrer Untertageschicht transportiert werden.

Mild präsentiert sich der März 1928. Die Temperaturen liegen mit durchschnittlich 3,1 °C nicht besonders hoch für die Jahreszeit. Es fällt wesentlich weniger Regen als in den Vorjahren.

Samstag 2. März

Politik

Der Ächtung des Krieges durch den Beitritt zum sog. Briand-Kellogg-Pakt stimmen die Abgeordneten des niederländischen Parlaments mit großer Mehrheit zu. Zum ersten Mal in der Geschichte wird mit diesem Pakt der Angriffskrieg international als völkerrechtswidrig verurteilt. Dem Pakt sind bereits 1928 in Paris 15 Staaten beigetreten.

Sport

Max Schmeling, deutscher Profiboxer, kehrt von einer vierwöchigen USA-Reise zurück. Während seines Aufenthalts in New York hat er vor 15 000 Zuschauern den Amerikaner Johnny Risco durch technischen K.o. in der neunten Runde geschlagen. 1930 erringt Schmeling für zwei Jahre den Weltmeistertitel.

> ### Rekorde in den 20er Jahren
>
> **Schwimmen:** J. Weissmuller (USA) – 58,6 sec/100 m Freistil (1922)
> **10 000 m:** P. Nurmi (FIN) – 30:06,1 min (1924)
> **1500 m:** O. Peltzer (GER) – 3:51,0 min (1926)
> **Kugelstoßen:** Emil Hirschfeld (GER) – 16,04 m (1928)

Wetter

Nach einem extrem kalten Winter erwärmen sich die Luftmassen im März 1929 allmählich wieder. Es bleibt aber mit durchschnittlich 2,6 °C auch jetzt noch zu kühl für die Jahreszeit.

1930-1939

Highlights des Jahrzehnts

1930

- Mahatma Gandhi startet Salzmarsch
- Marlene Dietrich avanciert im Film »Der Blaue Engel« zum Weltstar
- Uruguay wird erster Fußballweltmeister
- Max Schmeling durch Disqualifikationssieg Boxweltmeister im Schwergewicht

1931

- Spanien wird Republik
- Vorführung des Ganzmetallflugzeugs »Ju 52« (»Tante Ju«)
- Empire State Building höchstes Gebäude der Welt
- Mafia-Boß Al Capone hinter Gittern

1932

- Staatsstreich in Preußen
- Wahlsieg der NSDAP
- Chaco-Krieg um Erdöl zwischen Bolivien und Paraguay
- Proklamation des Staates Saudi-Arabien

1933

- Adolf Hitler zum Reichskanzler ernannt
- Reichstagsbrand in Berlin
- Ermächtigungsgesetz in Kraft
- Deutsche Studenten verbrennen »undeutsche« Literatur

1934

- Nationalsozialistischer Volksgerichtshof gegründet
- »Röhm-Putsch« niedergeschlagen
- Mord an Bundeskanzler Dollfuß – Ende der 1. Republik Österreich
- Maos Kommunisten in China auf dem »Langen Marsch«

1935

- Judenverfolgung mit sog. Nürnberger Gesetzen
- Italien marschiert in Äthiopien ein
- Porsche baut Prototyp für VW »Käfer«
- Deutsch-britisches Flottenabkommen

1936

- Beginn des Spanischen Bürgerkriegs
- Volksfrontregierung in Frankreich
- Ausstellung »Entartete Kunst«
- XI. Olympische Spiele in Berlin zur NS-Propaganda genutzt
- Margaret Mitchell veröffentlicht »Vom Winde verweht«
- Schauprozesse in der UdSSR

1937

- Krieg zwischen Japan und China
- Georg VI. in London gekrönt
- Zeppelin LZ »Hindenburg« explodiert in Lakehurst
- Niederländische Kronprinzessin Juliana heiratet Prinz Bernhard

1938

- »Anschluß« Österreichs ans Deutsche Reich
- Münchner Abkommen soll Hitler bezähmen
- Terror gegen Juden in der »Reichskristallnacht«
- Otto Hahn gelingt erste Atomspaltung

1939

- Deutsche Truppen marschieren in Prag ein
- Hitler-Stalin-Pakt
- Beginn des Zweiten Weltkrieges

◄ **Max Schmeling schreibt mit seinem Sieg über Joe Louis 1936 Boxgeschichte**

Sonntag 2. März

 Politik

Das brutale Vorgehen gegen die sowjetischen Großbauern (sog. Kulaken) ist Thema eines Artikels von Staats- und Parteichef Josef W. Stalin, der heute in der »Prawda« erscheint. Seit Februar werden die rund zwei Mio. Großgrundbesitzer von ihren Höfen vertrieben, um die Zwangskollektivierung der Landwirtschaft zu ermöglichen. Stalin will eine Steigerung der Erträge und die Ankurbelung des Exports erreichen, doch genau das Gegenteil geschieht: Die Erträge gehen zurück, es kommt sogar zu Hungersnöten. Hunderttausende Kulaken fliehen aus der Sowjetunion und mit ihnen auch agrarisches Know-how.

 Sport

Die italienische Fußball-Nationalmannschaft gewinnt in Frankfurt a.M. ein Spiel gegen die deutsche Elf mit 2:0. Die Presse, die den Gästen aus Italien im Vorfeld keine großen Chancen eingeräumt hatte, wird durch die Schlappe der deutschen Mannschaft eines Besseren belehrt.

 Wetter

Angenehm mit durchschnittlich 4,1 °C kommt der März in diesem Jahr daher. Die milde Witterung wird von relativ häufigen Regenschauern begleitet.

Montag 2. März

Die Schließung von zwei Zechen in Oberhausen mit 2321 Arbeitern und 140 Angestellten gibt die Verwaltung der Gutehoffnungshütte bekannt. Das Deutsche Reich und die USA vor allem haben unter der Weltwirtschaftskrise seit 1929 zu leiden. 1932 erreicht die Industrieproduktion im Deutschen Reich gerade einmal 53% des Standes von 1929. Im Februar 1932 sind über sechs Millionen Menschen in Deutschland arbeitslos.

Stars der 30er Jahre

Louis Armstrong
Trompeter
Marlene Dietrich
Filmschauspielerin
Greta Garbo
Filmschauspielerin
Fred Astaire
Tänzer/Schauspieler
Sonja Henie
Eiskunstläuferin

Zum siebten Mal siegt der Norweger Johan Gröttumsbraaten bei den internationalen Skispielen am Holmenkollen in der Nähe von Oslo in der Kombinationsgesamtwertung aus den Disziplinen Langlauf und Sprunglauf.

Der Frühlingsanfang 1931 ist noch sehr kühl. Die durchschnittliche Temperatur von 0,2 °C liegt weit unter dem langjährigen Mittelwert von 3,9 °C für den Monat. Trotzdem überwiegen in diesem März die sonnigen Tage.

1932

Mittwoch 2. März

Gesellschaft

Empörung und Trauer herrschen in den USA. Das 20 Monate alte Baby des berühmten Atlantikfliegers Charles A. Lindbergh und seiner Frau Anne ist aus dem Haus der Familie entführt worden. Der Täter verlangt 50 000 US-Dollar Lösegeld, die die Lindberghs sofort bezahlen. Wochenlang bleibt das Paar im Ungewissen über das Schicksal ihres einzigen Kindes. Als das Baby am 12. Mai tot aufgefunden wird, trauert die ganze Nation mit den fassungslosen Eltern.

Politik

Zwei Sprachen in einem Land: So will es ein neues belgisches Gesetz, das heute verabschiedet wird. Es sieht vor, daß in Flandern Flämisch zur offiziellen Amtssprache erklärt wird, in Wallonien dagegen Französisch. In der Hauptstadt Brüssel werden beide Sprachen gleichberechtigt sein. Der »Sprachenstreit« ist zwar entschieden, doch die Animositäten zwischen Flamen und Wallonen halten an.

Wetter

Wie im Vorjahr beginnt auch 1932 der Frühling mit zu kühlem Wetter. Im März liegt die durchschnittliche Temperatur erst bei 1,2 °C. Es fallen kaum Niederschläge.

1933

Donnerstag **2. März**

Als unverschämte Drohung verurteilt die österreichische Regierung den Warnstreik des Bundesbahnpersonals. Am Vortag hatten Finanzexperten vorgeschlagen, die Gehälter der Bahnbediensteten in zwei Raten auszuzahlen, um den strapazierten Haushalt zu schonen. Daraufhin legte das Bahnpersonal die Arbeit für zwei Stunden nieder und richtete damit ein Verskehrschaos ohnegleichen an.

Politik

Nachdem bekannt geworden ist, daß der Hamburger Nazi-Senat die sozialdemokratische Zeitung »Hamburger Echo« verbieten will, kündigen die SPD-Mitglieder an, das Parlament unter Protest verlassen zu wollen. Hitler, der seit dem 30. Januar Reichskanzler ist, läßt die SPD reichsweit am 22. Juni verbieten.

Wetter

Nach frostigen Temperaturen zu Jahresbeginn verabschiedet sich der Winter im März 1933 zügig. Das Thermometer erreicht bei klarem Himmel Werte um 6,0 °C (langjähriger Mittelwert 3,9 °C).

Rekorde in den 30er Jahren

200 m: J. Carlton (AUS) – 20,6 sec (1932)
Weitsprung: Jesse Owens (USA) – 8,13 m (1935)
Weitsprung: Erika Junghans (GER) – 6,07 m (1939)
400 m: Rudolf Harbig (GER) – 46,0 sec (1939)

1934

Freitag 2. März

  Politik

Nach NS-Vorbild geht die Regierung unter Engelbert Dollfuß in Österreich an die Gleichschaltung. Statt der bisher bestehenden Vielfalt an Arbeitnehmerverbänden wird eine Einheitsgewerkschaft unter staatlicher Kontrolle gegründet. Seit den Februarunruhen, bei denen sich die Sozialdemokraten vergebens gegen Dollfuß aufgelehnt hatten, verschärft die Regierung ihren autoritären Kurs und geht brutal gegen die Opposition vor.

Figurbetonte Eleganz
in den 30er Jahren:
Kostüm aus Wollstoff
mit Lederpaspeln

  Gesellschaft

Katholische Flugblätter sorgen für Wirbel in Düsseldorf. Jugendliche haben auf den Straßen Handzettel verteilt, mit denen sie für die katholische Gruppenarbeit werben wollten. Entsprechend der antikirchlichen Haltung des NS-Regimes werden die »Täter« verhaftet und sämtliche Aktivitäten konfessioneller Jugendverbände verboten.

 Wetter

Die sonnigen Tage überwiegen im März 1934. Es fällt weniger Niederschlag als in den Vorjahren bei Temperaturen um 5,6 °C.

Samstag 2. März

Die »Rassenehre« der Pola Negri wird wiederhergestellt. Reichspropagandaminister Joseph Goebbels hatte verbreitet, daß die berühmte Filmschauspielerin, die aus den USA zu Dreharbeiten ins Deutsche Reich zurückgekehrt ist, Jüdin sei. Angesichts der radikalen antisemitischen Politik des NS-Regimes war die Künstlerin daraufhin unter massiven Druck geraten. Auf persönliche Veranlassung Hitlers erscheint jetzt in Berlin ein Artikel, der erklärt, Pola Negri sei »Polin, also Arierin«.

Der Herr liebt es eher klassisch: Sommersakko aus hellem Fischgrät

Jesse Owens stellt bei den US-amerikanischen Hallenmeisterschaften im New Yorker Madison Square Garden mit 7,85m einen Hallenweltrekord im Weitsprung auf. Noch 1935 springt er 8,13 m, eine Weite, die erst 1960 überboten wird.

Nicht spektakulär ist das Wetter im März 1935 mit einer Durchschnittstemperatur von 3,0 °C. Allerdings fällt recht viel Niederschlag.

1936

Montag 2. März

 Politik

Auf einer Geheimkonferenz in Berlin teilt Adolf Hitler seinen Vertrauten den Entschluß mit, deutsche Truppen ins besetzte Rheinland einmarschieren zu lassen. Der Einmarsch in die entmilitarisierte Zone, die seit dem Ersten Weltkrieg für deutsche Truppen gesperrt ist, erfolgt wenige Tage später tatsächlich, ohne daß die Westmächte einschreiten. Die deutschen Soldaten werden begeistert empfangen. Hitler und das NS-Regime erzielen damit nach der Rückgliederung des Saargebiets 1935 ihren zweiten außenpolitischen Erfolg.

 Politik

Panama hat Grund zum Feiern. Die USA machen dem kleinen, seit 1903 unabhängigen Land wichtige Zugeständnisse: Die Souveränitätsrechte in der von den USA verwalteten sog. Panamakanalzone werden erweitert, die Pachtsumme wird erhöht und die Einmischung Washingtons in innere Angelegenheiten des mittelamerikanischen Landes soll zukünftig unterbleiben.

 Wetter

Nach einem milden Winter steigen die Temperaturen im März dieses Jahres bereits auf Werte um 5,3 °C. Es regnet weniger als in den Vorjahren.

Dienstag 2. *März*

Politik

Der Rüstungswettlauf macht nicht Halt. In Italien beschließt die faschistische Regierung unter »Duce« Benito Mussolini ein umfassendes Rüstungsprogramm. Damit gesellt sich Italien zu Großbritannien, dem Deutschen Reich, Frankreich, Japan, der Sowjetunion und den USA, die längst damit begonnen haben, sich bis an die Zähne zu bewaffnen. Zusammmen mit zahlreichen kleineren Staaten investieren sie 1937 insgesamt 7,1 Mrd. Golddollar in die Rüstung. Das entspricht dem Gesamthaushalt Amerikas.

Preise in den 30er Jahren

1 kg Butter	2,96
1 kg Mehl	0,47
1 kg Fleisch	1,60
1 l Vollmilch	0,23
1 Ei	0,10
10 kg Kartoffeln	0,90
1 kg Kaffee	5,33
Stundenlohn	0,78

in RM, Stand 1934

Kultur

»Lucrezia«, eine Oper des italienischen Komponisten Ottorino Respighi, wird in Mailand aufgeführt. Die Premiere findet im Gedenken an den 1936 verstorbenen Respighi statt.

Wetter

Noch zu kühl sind die Temperaturen im März 1937 mit durchschnittlich 3,4 °C. Anhaltende Niederschläge sorgen für feuchte Witterung.

Mittwoch 2. März

 Politik

Auch die Kirche ist nicht mehr sicher vor Übergriffen des NS-Regimes. In Berlin wird der evangelische Geistliche Martin Niemöller verurteilt und kurz darauf in ein Konzentrationslager verschleppt. Er hat 1933 eine Organisation zum Schutz politisch verfolgter Geistlicher und 1934 die »Bekennende Kirche« mitgegründet. Seitdem ist er den NS-Behörden als entschiedener Gegner des Nationalsozialismus ein Dorn im Auge. Der Pazifist bleibt bis 1945 in Haft.

 Gesellschaft

Die Ehescheidung wird in Nationalspanien abgeschafft. Die Gerichte in dem von Franco beherrschten Teil Spaniens dürfen nur noch eine »Trennung von Tisch und Bett« gestatten. Frauen haben keinerlei Handhabe mehr, die Scheidung durchzusetzen, wenn der Ehemann untreu war. Als Franco 1939 aus dem Bürgerkrieg als Sieger hervorgeht, gilt das Scheidungsverbot im ganzen Land.

 Wetter

Strahlendes Wetter mit sensationellen Temperaturen um 8,0 °C vertreibt den Winter 1938 rasch. Zum ersten Mal seit Jahrzehnten zeigt das Thermometer im März so hohe Werte an.

1939

Donnerstag 2. März

Gesellschaft

Weißer Rauch steigt aus der Sixtinischen Kapelle in Rom auf und die davor Versammelten rufen freudig aus: »Habemus Papam.« Die 72 zur Konklave versammelten Kardinäle haben den Kardinalstaatssekretär des im Februar verstorbenen Papstes Pius XI., Eugenio Pacelli, gewählt. Er tritt als Papst Pius XII. sein Amt an.

Politik

Die Prager Regierungskrise spitzt sich zu, als der slowakische Ministerpräsident Jozef Tiso seine Loyalität gegenüber dem seit 1918 bestehenden tschechoslowakischen Staat aufkündigt. Knapp zwei Wochen später existiert dieser Staat nicht mehr. Am 14. März erklärt Tiso die Slowakei für unabhängig. Einen Tag darauf marschieren deutsche Truppen in tschechisches Gebiet ein.

Die Deutschen kaufen den Nazis zuwenig Bücher. Ein»Werbemonat für das deutsche Fachbuch« soll Abhilfe schaffen. Der große Eröffnungs-Festakt in Frankfurt wird von allen Reichssendern übertragen.

Wetter

Dauerregen und Kälte eröffnen im März 1939 das Frühjahr. Statt der üblichen 31 mm gibt es in diesem Jahr 76 mm Niederschläge. Dabei steigt das Thermometer nur auf durchschnittlich 2,2 °C.

Highlights des Jahrzehnts

1940

- Deutscher Luftkrieg gegen Großbritannien
- Beginn der Westoffensive
- Winston Churchill neuer britischer Premierminister

1941

- Schottlandflug von Rudolf Heß
- Deutscher Überfall auf die Sowjetunion
- Japan greift Pearl Harbor an – Kriegseintritt der USA
- »Citizen Kane« von Orson Welles in den Kinos

1942

- Wannsee-Konferenz beschließt Judenvernichtung
- 6. Armee in Stalingrad eingeschlossen
- Beginn alliierter Luftangriffe auf deutsche Städte
- »Casablanca« mit Ingrid Bergman und Humphrey Bogart uraufgeführt

1943

- Goebbels propagiert den »totalen Krieg«
- Ende der Widerstandsgruppe »Weiße Rose«
- Aufstand im Warschauer Ghetto scheitert

1944

- Alliierte landen in der Normandie
- Stauffenberg-Attentat auf Hitler scheitert
- Charles de Gaulle wird Staatschef Frankreichs
- US-Präsident Franklin D. Roosevelt zum dritten Mal wiedergewählt

1945

- KZ Auschwitz befreit
- Bedingungslose Kapitulation Deutschlands
- Vereinte Nationen gegründet
- Beginn der Potsdamer Konferenz
- US-Atombomben zerstören Hiroschima und Nagasaki

1946

- Gründung der SED
- Nürnberger NS-Prozesse
- US-Atombombentests im Südpazifik
- Hilfe durch Care-Pakete aus den USA
- Französischer Kolonialkrieg in Vietnam

1947

- Marshallplan-Hilfe für Europa
- Indien feiert Unabhängigkeit von Großbritannien
- GATT regelt den Welthandel
- Thor Heyerdahls »Kon-Tiki«-Expedition erfolgreich

1948

- Mahatma Gandhi ermordet
- Währungsreform in Ost und West
- UdSSR verhängt Berlin-Blockade
- Staatsgründung Israels
- Korea gespalten
- UNO-Menschenrechtsdeklaration

1949

- Gründung der NATO
- Grundgesetz für die Bundesrepublik Deutschland verkündet
- Konrad Adenauer erster Bundeskanzler
- Proklamation der Deutschen Demokratischen Republik
- Chinesische Revolution

◀ Der Kuß: Jubel über das Kriegsende auf New Yorks Broadway (1945)

1940

Samstag **2.** *März*

Politik

Die vagen Hoffnungen auf ein baldiges Kriegsende schwinden dahin. Im Rahmen seiner Europareise trifft der US-Unterstaatssekretär Sumner Welles zu einem Treffen mit Adolf Hitler in Berlin ein. Welles, der die Möglichkeit eines europäischen Friedensschlusses sondieren soll, wird schroff abgewiesen. Die Expansionspläne Hitlers, der 1939 mit dem Angriff auf Polen den Zweiten Weltkrieg auslöste, stehen in krassem Widerspruch zu einer Einigung mit den europäischen Mächten.

Limonade und Bier sprudeln aus den Wasserhähnen in Joilet/Illinois (USA). Eine Soda-Fabrik und Brauerei hat ihre Leitungen versehentlich an eine städtische Wasserleitung angeschlossen.

Sport

Trotz des Krieges findet in Cambridge die traditionelle Ruderregatta zwischen den Universitätsmannschaften von Cambridge und Oxford statt. Die Studenten aus Cambridge siegen mit überzeugenden fünf Längen Vorsprung.

Wetter

Nach einem extrem harten Winter überwiegen erstmals in diesem Jahr Temperaturen über dem Gefrierpunkt. Anhaltende Schnee- und Regenfälle trüben allerdings die Freude über die Wetterbesserung.

Sonntag 2. März

Politik

Vollkommen ungehindert marschieren deutsche Truppen in Bulgarien ein. Die Führung des Landes, die am Vortag dem Beitritt zum Dreimächtepakt Deutschland-Italien-Japan zugestimmt hatte, billigt die Besetzung. Sie dient der Vorbereitung des Angriffs auf Griechenland. Dort drohen sich britische Truppen festzusetzen, die dem Land im Krieg gegen Italien zu Hilfe kommen wollen.

Kultur

Über eine halbe Million Besucher hatte die »Große Deutsche Kunstausstellung 1940«, die heute in München zu Ende geht. Die NS-Kulturbehörden feiern diese Bilanz als großen Erfolg und als Bestätigung ihrer wirren Kunstauffassung. Die Ausstellung zeigte vorwiegend »leicht verdauliche« Werke in realistisch-idealisierendem Stil. Seit Beginn der NS-Herrschaft werden alle modernen Kunstströmungen wie z.B. die abstrakte Malerei als »entartet« diffamiert.

Wetter

Bei Sonne und milden Temperaturen zeigen sich im März 1941 die ersten Knospen schon bald. Das Thermometer zeigt Werte um 3,3 °C. Die Sonne hat aber häufig gegen Regenwolken anzukämpfen.

1942

Montag 2. März

Geistliche wehren sich gegen die Unterdrückung der Kirchen. Der evangelische Landesbischof von Württemberg, Theophil Wurm, richtet sich mit einer Denkschrift direkt an Adolf Hitler. Er fordert darin das Ende des »Kulturkampfes«. Die christlichen Kirchen, denen die meisten Deutschen angehören, stehen unter dem Druck des NS-Regimes, das den unkontrollierbaren Einfluß fürchtet, den Geistliche auf ihre Gemeindemitglieder haben. Verhaftungen von Pfarrern sind fast an der Tagesordnung. Auch in Norwegen, wo sich gerade das Quisling-Regime von Hitlers Gnaden etabliert hat, wird die Kirche unterdrückt. Heute erklären der Bischof von Oslo und sechs weitere evangelische Bischöfe aus Protest gegen die Eingriffe in die religiöse Freiheit ihren Rücktritt.

Rekorde in den 40er Jahren

5000 m: G. Hägg (SWE) – 13:58,2 min (1942)
Hochsprung: Fanny Blankers-Koen (HOL) – 1,71 m (1943)
Marathon: Suh Yun Bok (KOR) – 2:25:39 h (1947)
Speerwerfen: Natalia Smirnizkaja (URS) – 53,41 m (1949)

 Wetter

Nur 14 mm Niederschlag werden im März 1942 gemessen, während der langjährige Mittelwert bei 31 mm liegt. Die Sonne kommt dafür um so häufiger zum Vorschein (149 Stunden).

1943

Dienstag 2. März

Das erste Schiff des Internationalen Roten Kreuzes (IRK), die »Caritas I«, kehrt aus den USA nach Lissabon zurück. Seit Anfang Februar transportieren Angehörige der Hilfsorganisation Medikamente und Lebensmittel, die an Kriegsgefangene und Zivilinternierte verteilt werden, nach Europa. In den USA hatte das IRK dazu aufgerufen, die Hilfsaktion durch Spenden zu unterstützen.

Politik

Die deutschen Truppen an der Ostfront können noch einmal den Zusammenbruch verhindern. Am Fluß Donez im Süden der Sowjetunion besiegen die Deutschen sowjetische Einheiten und bilden einen Brückenkopf auf dem Ostufer. Seit der Niederlage von Stalingrad 1943 drohte mehrfach eine Einkesselung des gesamten Südabschnitts mit 1,5 Millionen Soldaten. Dennoch ist die Kampfkraft der Deutschen nach zwei Jahren Ostkrieg erlahmt– es geht dem Ende entgegen.

Wetter

Besonders schön und trocken ist das Wetter im März 1943. Den geringen Niederschlägen (10 mm) entsprechen 189 Sonnenscheinstunden; normal sind 151 Stunden.

Donnerstag **2.** *März*

 Politik

Keine Waffen mehr erhält die Türkei von der britischen Regierung. Seit 1940 bemüht sich der britische Premierminister Winston Churchill um ein Bündnis mit dem Staat in Kleinasien, doch die Türken blieben bei ihrer Neutralität. Die Aufrüstung der türkischen Armee mit modernsten Waffen sollte die Regierung umstimmen, doch fruchtete auch dieses Lockmittel nicht.

Im Elsaß regnet es Lebensmittelkarten vom Himmel. Alliierte Flieger werfen die gefälschten Bezugsscheine ab, um die Versorgungspolitik der Nazi-Behörden durcheinanderzubringen.

 Kultur

»Casablanca«, der Streifen, der zum ultimativen Kultfilm der Kinogeschichte avanciert, erhält bei der diesjährigen Oscar-Verleihung drei der begehrten Trophäen: für das beste Drehbuch, die beste Regie und die beste Produktion. Die Hauptdarsteller Humphrey Bogart und Ingrid Bergman gehen hingegen leer aus.

 Wetter

Mit Regen und zu niedrigen Temperaturen beginnt im März 1944 der Frühling. Die Niederschläge liegen mit 57 mm weit über dem langjährigen Mittel für den Monat (31 mm).

Freitag 2. März

Politik

Dresden wird erneut zum Angriffsziel alliierter Bombergeschwader. Am 13. Februar hat der massivste Angriff der britischen und amerikanischen Luftwaffe während des gesamten Krieges die Stadt in Schutt und Asche gelegt. Die genaue Zahl der Opfer ließ sich nicht ermitteln, da sich in Dresden Hunderttausende Flüchtlinge aus Schlesien aufhielten. Schätzungen sprechen von 245 000 Toten. Die Stadt wird ständig bombardiert, weil sie ein Verkehrsknotenpunkt ist.

Politik

Die Unruhen in Rumänien enden mit dem Amtsantritt von Petru Groza als Ministerpräsident. Wochenlang haben Kommunisten und Sowjets in dem gerade vom Faschismus befreiten Land den Rücktritt des pro-westlichen Regierungschefs Nicolae Radescu gefordert. Schließlich gab König Michael I. nach und beauftragte Groza mit der Regierungsneubildung. Die Integration Rumäniens in den Ostblock beginnt.

Wetter

Nach einem kalten Winter herrscht im März endlich Tauwetter. Die Temperaturen steigen auf durchschnittlich 6,8 °C.

Samstag 2. März

 Politik

Die Kommunistische Partei Deutschlands formiert sich neu. In Berlin treffen Hunderte von Genossen zur ersten Reichskonferenz der Partei nach Kriegsende zusammen. Wichtigstes Thema ist die Frage, ob die KPD eine Zusammenarbeit mit der SPD anstreben soll, um ihre politischen Ziele durchsetzen zu können. Im April entsteht in der sowjetischen Besatzungszone die SED als Zusammenschluß von KPD und SPD.

Gesellschaft

500 Millionen Menschen hungern weltweit. Das ist die erschütternde Bilanz der Ernährungskonferenz, die heute in Washington eröffnet wird. Ernährungs- und Landwirtschaftsminister aus 21 Nationen beraten über Hilfeleistungen. US-Präsident Hoover schlägt Lieferungen von monatlich 1,1 Mio. t Getreide nach Europa und Asien vor.

Das Extravagante an diesem Sommerkleid: der mit Tapeziernägeln besetzte Gürtel

 Wetter

Gelegentliche Niederschläge und eine Durchschnittstemperatur von 3,8 °C lassen den März 1946 recht durchschnittlich erscheinen.

1947

Sonntag 2. März

In Sachsen darf ab heute mit 18 Jahren gewählt werden. Damit ist Sachsen das erste Land in Deutschland, das das Wahlalter herabsetzt. Bislang galt die Wahlberechtigung ab 20 Jahren. Entscheidenden Anteil an der Entscheidung des sächsischen Landtags haben die SED-Mitglieder. In der gesamten 1949 entstehenden DDR beginnen Wahlalter und Volljährigkeit mit 18 Jahren. In der BRD gilt dies erst ab 1975.

Das Modemagazin »Esquire« stellt diese Abendmode für den Herrn vor

17 000 deutsche Kriegsgefangene kehren aus Großbritannien nach Hause zurück. Insgesamt befanden sich knapp eine halbe Million Wehrmachtssoldaten in Großbritannien. Die meisten der zusammen elf Millionen deutschen Kriegsgefangenen kommen bis 1947/48 frei.

Kein Ende will der Winter in diesem Jahr nehmen. Der Frühlingsmonat März ist 1947 immer noch vergleichsweise frostig. Die Durchschnittstemperatur liegt um zwei Grad niedriger als gewöhnlich.

1948

Dienstag 2. März

 Gesellschaft

Gleiches Recht für alle gilt ab heute zumindest im Flugverkehr. Deutsche Fluggäste dürfen erstmals mit der American Overseas Airline fliegen, die bislang dem Personal der Alliierten vorbehalten war. Die Linie verkehrt zwischen Berlin und Frankfurt am Main. Die Nachfrage ist so groß, daß die Flüge bereits auf Monate ausgebucht sind.

Stars der 40er Jahre

Humphrey Bogart
Filmschauspieler

John Wayne
Filmschauspieler

Katharine Hepburn
Filmschauspielerin

Hans Albers
Filmschauspieler

Joe Louis
Boxer

🌐 *Politik*

Die westdeutsche Quasi-Regierung nimmt Formen an. Der Oberbürgermeister von Köln, Hermann Pünder, wird zum Vorsitzenden des Verwaltungsrates gewählt. Neben diesem Gremium haben die Westalliierten USA und Großbritannien bereits im Februar einen Wirtschafts- und Länderrat ins Leben gerufen. Noch vor der Gründung der BRD 1949 existiert damit eine regierungsähnliche Verwaltung.

 Wetter

Wesentlich freundlicher als im vergangenen Jahr kündigt sich 1948 der Frühling an. Im März steigt das Thermometer kräftig.

Mittwoch 2. März

Technik

Ohne Zwischenlandung flog der US-amerikanische Bomber »Lucky Lady« einmal um die Welt. Die erste Nonstop-Erdumkreisung dauerte bei einer Geschwindigkeit von 400 km/h 94 Stunden und eine Minute und endet heute mit der Landung auf dem Luftwaffenstützpunkt Fort Worth. Die 14köpfige Mannschaft wird stürmisch begrüßt.

Kultur

»Die schwarze Spinne«, eine Oper des schweizerischen Komponisten Heinrich Sutermeister, hat in St. Gallen Premiere. Die geladenen Gäste erwarten die Aufführung, deren avantgardistische Inszenierung bereits im Vorfeld die Gemüter erregte, mit Spannung. Sie werden nicht enttäuscht. Die Oper wird zum Höhepunkt der diesjährigen Saison. Als Funkoper wurde das Werk bereits 1936 gesendet.

Wetter

Für die Jahreszeit zu kühl ist es im März 1949. Die Temperaturen erreichen einen Schnitt von 2,5 °C. Sie liegen damit um mehr als ein Grad unter dem Standardwert für diesen Monat.

Preise in den 40er Jahren

1 kg Butter	3,50
1 kg Mehl	0,45
1 kg Fleisch	1,60
1 l Vollmilch	0,26
1 Ei	0,12
10 kg Kartoffeln	1,00
1 kg Zucker	0,76
Stundenlohn	0,81
in RM, Stand 1943	

1950 – 1959

Highlights des Jahrzehnts

1950

- Ausbruch des Koreakrieges
- Abschaffung der Lebensmittelmarken in Deutschland

1951

- Debatte um die Wiederaufrüstung Deutschlands
- Skandal um Hildegard Knef als »Sünderin«
- Erster Schritt zur europäischen Einigung: Montanunion perfekt
- Der persische Schah Mohammed Resa Pahlewi heiratet Soraya

1952

- Helgoland wieder unter deutscher Verwaltung
- Staatsstreich in Ägypten
- DDR riegelt Grenze ab
- Dwight D. Eisenhower wird zum 34. US-Präsidenten gewählt
- USA zünden Wasserstoffbombe
- In Deutschland bricht das Fernsehzeitalter an

1953

- Tod des sowjetischen Diktators Josef Stalin
- Volksaufstand in der DDR
- Elisabeth II. zur Königin von Großbritannien und Nordirland gekrönt
- Mount Everest: Höchster Berg der Welt bezwungen

1954

- Französische Niederlage in Vietnam
- Deutschland wird in Bern Fußballweltmeister
- Beginn des Algerienkrieges
- Mit »That's alright Mama« beginnt der Aufstieg von Elvis Presley

1955

- Die Bundesrepublik wird ein souveräner Staat
- Gründung des Warschauer Paktes
- Tragischer Tod von James Dean
- Erste »documenta«

1956

- Traumhochzeit von Grace Kelly und Rainier III. von Monaco
- Volksaufstand in Ungarn
- Suezkrise führt zu Nahostkrieg
- Musical »My Fair Lady« beginnt seinen Siegeszug um die Welt

1957

- Gründung der EWG
- »Sputnik-Schock« bildet Auftakt zu Wettlauf im All
- Heinz Rühmann als »Hauptmann von Köpenick« gefeiert
- Erste Massenimpfung gegen Kinderlähmung

1958

- De Gaulle und Adenauer begründen deutsch-französische Freundschaft
- Rock 'n' Roll-Fieber grassiert weltweit
- Pelé – Star der Fußballweltmeisterschaft in Schweden
- Atomium ist Wahrzeichen der Weltausstellung in Brüssel

1959

- Fidel Castro übernimmt die Macht in Kuba
- Hula-Hoop-Welle schwappt aus den USA nach Europa
- Premiere des Marilyn-Monroe-Films »Manche mögen's heiß«
- Erste Bilder von der Rückseite des Mondes

◀ **Mit 23 schon ein Hollywood-Superstar: Audrey Hepburn mit »Oscar« (1953)**

Donnerstag 2. März

Gesellschaft

Die Empörung über Ingrid Bergman nimmt kein Ende. Vor einem Monat brachte die berühmte Schauspielerin ihren Sohn Roberto zur Welt. Obgleich sie noch verheiratet ist, gibt sie unumwunden zu, daß der Vater des Kindes der italienische Regisseur Roberto Rossellini ist, den sie 1948 bei Dreharbeiten kennen und lieben gelernt hatte und den sie 1950 heiratet. In den USA reißen die Skandalberichte über das Paar nicht ab. Bergman erhält in Hollywood keine Rollen mehr.

Stars der 50er Jahre

Marilyn Monroe
Filmschauspielerin
James Dean
Filmschauspieler
Elvis Presley
Sänger
Sophia Loren
Filmschauspielerin
Brigitte Bardot
Filmschauspielerin

Gesellschaft

Essen ohne Ende ist in der BRD angesagt. Nachdem am Vortag nach über zehn Jahren die Rationierung von Lebensmitteln aufgehoben worden ist, geht es in den Lebensmittelläden heute drunter und drüber. Das Angebot entspricht aber noch längst nicht der Nachfrage.

Wetter

Bei geringen Niederschlägen erwärmt sich die Luft im März 1950 kräftig. Die Temperatur steigt auf durchschnittlich 5,4 °C an.

Freitag 2. März

Das erste live übertragene Fernsehspiel im deutschen Fernsehen läuft heute mit »Vorspiel auf dem Theater« aus Goethes »Faust«. Einige Auserwählte können es sich anschauen, denn es ist nur Teil eines Versuchsprogramms des NWDR. Das reguläre Fernsehen in der Bundesrepublik startet 1952. Allerdings besitzen auch dann erst 4000 Deutsche einen Fernseher. Das ändert sich aber schnell: Bereits 1956 stehen 70 000 Pantoffelkinos in deutschen Wohnzimmern.

Sport

Er fliegt und fliegt und landet schließlich bei 139m. Dem finnischen Skiflieger Tauno Luiro gelingt auf der Oberstdorfer Sprungschanze vor 12 000 staunenden Zuschauern der traumhafte Weltrekord.

Wetter

Naß und kalt ist es zum Frühlingsbeginn 1951. Im langjährigen Vergleich liegt die Niederschlagsmenge mit 61 mm doppelt so hoch. Die Temperaturen bleiben mit durchschnittlich 2,2 °C relativ niedrig.

Preise in den 50er Jahren	
1 kg Butter	6,75
1 kg Mehl	0,76
1 kg Fleisch	5,01
1 l Vollmilch	0,40
1 Ei	0,23
10 kg Kartoffeln	2,14
1 kg Kaffee	21,40
Stundenlohn	1,96
in DM, Stand 1955	

Sonntag 2. März

 Gesellschaft

Erschütterung spricht aus den Artikeln, die heute über den Zustand Helgolands berichten. Am Vortag war die Insel, die seit 1945 als militärisches Übungsziel der britischen Royal Air Force genutzt worden war, wieder deutscher Verwaltung unterstellt worden. Die Zeitungen zeichnen ein trostloses Bild. Wohnhäuser und Hotels des ehemaligen Seebades liegen in Trümmern, Strände und Dünen sind von Bombentrichtern übersät. Ein rasch gegründetes Helgoland-Kuratorium bittet um Spenden für den Wiederaufbau.

 Politik

»Subversive Personen« sollen als Lehrer künftig keinen Zugang mehr zu öffentlichen Schulen in den USA haben. In Amerika tobt eine Kommunistenhetze unter Führung von Senator McCarthy. Tausende werden verdächtigt, Kommunisten – und damit halbe Verbrecher – zu sein.

 Wetter

Die Schlechtwetterfront, die zu Beginn des Jahres für trübe Aussichten gesorgt hatte, wird endlich von anhaltendem Sonnenschein verdrängt. Es regnet kaum noch, aber dennoch bleiben die Temperaturen mit durchschnittlich 1,2 °C zu niedrig.

Montag 2. März

Gesellschaft

6000 DDR-Bewohner stellen heute in Westberlin einen Antrag auf politisches Asyl. Damit erreicht die Flüchtlingswelle aus der DDR ihren vorläufigen Höhepunkt. Immer mehr Menschen entziehen sich dem Druck des SED-Regimes durch Flucht. Bauern, Einzelhändler und Handwerker werden in Ostdeutschland in Genossenschaften und staatliche Organisationen gepreßt, politisch Andersdenkende verschwinden in Lagern und Gefängnissen.

> Anläßlich ihrer bevorstehenden Krönung läßt die britische Königin Elisabeth II. Gnade vor Recht ergehen. Alle Deserteure der britischen Armee werden aus den Gefängnissen entlassen.

Politik

Ex-Reichskanzler Joseph Wirth gehört zu den führenden Köpfen einer «Internationalen Konferenz zur friedlichen Lösung der deutschen Frage», die heute in Köln gegründet wird. Ihre Mitglieder machen die Westintegration der BRD für die Vertiefung des Grabens zwischen beiden deutschen Staaten verantwortlich.

Wetter

Die Sonne scheint so häufig (213 Stunden), daß die Temperaturen im März 1953 auf durchschnittlich 5,8 °C ansteigen.

 Gesellschaft

Der Film-Charmeur Clark Gable zieht sich zurück. Er kündigt seinen Vertrag mit der Metro-Goldwyn-Mayer-Filmgesellschaft und verzichtet damit auf ein beachtliches Jahresgehalt von 500 000 US-Dollar. Er begründet diesen Schritt mit den uninteressanten Angeboten der letzten Monate. 1960 tritt er in »Nicht gesellschaftsfähig« ein letztes Mal vor die Kamera. Noch im selben Jahr stirbt er.

Rekorde in den 50er Jahren

Kugelstoßen: Jim Fuchs (USA) – 17,95 m (1950)
10 000 m: Emil Zátopek (TCH) – 28:54,6 min (1954)
800 m: R. Moens (BEL) – 1:45,7 min (1955)
Eisschnellauf: Eugen Grischin (URS) – 1000 m in 1:22,8 min (1955)

 Gesellschaft

Das Pflanzenschutzmittel E 605 macht eine fragwürdige Karriere. Nach dem Sensationsprozeß gegen eine Wormserin, die mit Hilfe dieses Giftes drei Menschen umgebracht hatte, häufen sich die Selbstmorde mit E605. Heute werden neun Suizidfälle gemeldet.

 Wetter

Der eisige Winter ist überstanden. Im März 1954 herrschen endlich wieder »normale Verhältnisse«. Bei gelegentlichem Sonnenschein erwärmen sich die Luftmassen auf durchschnittlich 3,8 °C.

Mittwoch 2. März

Politik

Stimmungsmache in der DDR sorgt für deutsch-deutschen Aufruhr. Die SED-Führung fordert die Bevölkerung auf, in einer Volksbefragung ihre Meinung über die Pariser Verträge zu äußern. Mit deren Inkrafttreten im Mai erlangt die BRD die Souveränität unter der Bedingung einer Integration in die westlichen Bündnisse. Nach Ansicht der DDR-Führung macht der NATO-Beitritt der BRD eine Wiedervereinigung unmöglich. Ähnlich argumentiert der größte Teil der bundesdeutschen SPD, die sich ansonsten aber von den »Genossen« im Osten absetzen.

Gesellschaft

In »Sicherheitsgewahrsam« wegen allzu politischer Aktivitäten begibt sich heute der Erzbischof von Sevilla, Kardinal Segura, nachdem er mehrmals in seinen Predigten gegen die diktatorische spanische Regierung unter General Francisco Franco gewettert hatte. Auf Weisung des Vatikans reist er in ein Kloster bei Burgos ab.

Wetter

Noch viel zu kalt ist es mit einem Schnitt von 0,6 °C im März 1955. Der wolkenverhangene Himmel macht es der Sonne schwer.

Freitag 2. März

 Politik

Mit einem Festakt endet in Marokko das spanische und französische Protektorat. Muhammad V. proklamiert das unabhängige Sultanat Marokko. Seit Anfang des 20. Jahrhunderts hatte das nordwestafrikanische Land unter Fremdherrschaft gestanden, in die sich zwischenzeitlich auch deutsche Interessen mischten.

 Politik

Stets korrekt und im Zweifelsfall eher weit geschnitten: Herrenmode in den 50ern

Österreich wird Mitglied im Europarat. Der Nationalrat in Wien stimmt dem Beitritt heute mit großer Mehrheit zu. Österreich, das ebenso wie Deutschland nach 1945 von den Siegermächten besetzt war, ist seit 1955 souverän – die Besatzungstruppen sind abgezogen. Allerdings ist Wien auf die Neutralität verpflichtet. Daher protestiert die UdSSR gegen den Beitritt zum westorientierten Europarat.

 Wetter

Strahlender Sonnenschein leitet im März 1956 den Frühling ein. Die Temperaturen steigen auf durchschnittlich 3,2 °C.

1957

Gesellschaft

Straßenbahnfahren wird teurer. In Köln werden die Preise auf 45 Pfennig pro Fahrt angehoben und liegen damit bundesweit an der Spitze. Bereits bei der gestrigen Bekanntgabe der Erhöhungen protestierten viele Fahrgäste heftig. Heute berichten die Kölner Zeitungen von Boykottaufrufen. Berufspendler erwägen die Bildung von preiswerten Fahrgemeinschaften. Die Fahrkarten kosten immerhin soviel wie ein Liter Milch.

Für eine gute Figur auf der Tanzfläche: Kleid aus Chiné-Taft

Sport

Bei den Eiskunstlauf-Weltmeisterschaften in Colorado Springs(USA) belegt das kanadische Paar Barbara Wagner/Robert Paul den ersten Platz. Das deutsche Meisterpaar Marika Kilius/ Franz Ningel scheitert durch einen Sturz in der Kür und landet auf dem zweiten Platz.

Wetter

Angenehm mild ist es im März 1957. Der Monatsdurchschnitt liegt bei 5,8 °C. Die Sonne kommt allerdings weniger als üblich zum Vorschein.

Sonntag 2. März

Gesellschaft

Der erste Marsch durch die Antarktis geht erfolgreich zu Ende. Die Teilnehmer der britischen Expedition unter Vivien E. Fuchs haben eine Strecke von 3360 km in über drei Monaten zurückgelegt, als sie heute den Stützpunkt am McMurdo-Sund erreichen. Das Unternehmen wird als eine der letzten abenteuerlichen Entdeckungsreisen gefeiert. Die britische Königin Elisabeth II. beglückwünscht die Abenteurer im ewigen Eis per Telegramm und verleiht Fuchs später den Adelstitel.

Sport

Unglaublich erfolgreich ist die Ulmerin Hannelore Basler bei den Deutschen Alpinen Skimeisterschaften in Rottach-Egern. In allen drei Wettbewerben (Slalom, Riesenslalom und Abfahrt) liegt sie vorne und sichert sich so auch den Kombinationstitel. Erfolgreichster Sportler bei den Herren ist Ludwig Leitner aus dem Kleinwalsertal, der Slalom, Riesenslalom und Kombination gewinnt.

Wetter

Noch in weiter Ferne scheint der Frühling im März 1958 bei einer mittleren Temperatur von 0,5 °C. Die Sonne hat in diesem Monat nur selten Gelegenheit, für Wärme zu sorgen.

1959

Montag 2. März

Den Vorwurf der »monopolkapitalistischen Machenschaften« läßt Heinrich Plett, Kopf der »Neuen Heimat«, nicht auf sich sitzen. Er erwirkt beim Hamburger Landgericht eine einstweilige Verfügung gegen das Nachrichtenmagazin »Der Spiegel«, das die Geldgeschäfte der gewerkschaftseigenen Baugesellschaft unter die Lupe genommen hat.

»Mister Tagesschau«, Karl-Heinz Köpcke, spricht heute erstmals zum deutschen Fernsehpublikum. Die wichtigste deutsche Nachrichtensendung wird künftig jeden Abend ausgestrahlt.

Gesellschaft

Spitzen-Besucherzahlen verzeichnen die Veranstalter der diesjährigen Internationalen Frankfurter Frühjahrsmesse schon nach einem Tag. 3134 Aussteller bringen bei dieser Verkaufsschau ihre neuesten Produkte an den Mann. Massenandrang herrscht vor allem an den Ständen der Möbelhersteller und Teppichproduzenten. Die Wirtschaftswunder-Deutschen haben wieder Geld für Inneneinrichtung.

Wetter

Ausgiebig schön ist der März 1959. Die Temperaturen steigen auf durchschnittlich 7,1 °C und liegen damit weit über dem langjährigen Mittel (3,9 °C).

1960-1969

Highlights des Jahrzehnts

1960

- Gründung der EFTA
- Frankreich wird 4. Atommacht
- John F. Kennedy wird 35. Präsident der USA
- Hochzeit des Jahres: Fabiola und König Baudouin von Belgien

1961

- Erster Mensch im Weltraum: der Russe Juri Gagarin
- Bau der Mauer in Berlin
- Gründung von Amnesty International

1962

- Flutkatastrophe an der Nordseeküste und in Hamburg
- Kuba-Krise: USA erzwingen Abbau sowjetischer Raketenbasen
- »Spiegel«-Affäre löst Regierungskrise aus
- Start der erfolgreichsten Serie der Kinogeschichte: James Bond

1963

- Deutsch-Französischer Freundschaftsvertrag
- US-Präsident Kennedy wird in Dallas erschossen
- Marika Kilius und Hans-Jürgen Bäumler werden Weltmeister im Eiskunstlaufen

1964

- Die USA greifen in den Vietnamkrieg ein
- Revolution in der Damenmode: der Minirock
- Der 22jährige Cassius Clay wird jüngster Boxweltmeister
- UdSSR: Breschnew neuer KP-Chef

- Erfolgreichste Pop-Gruppe der 60er: die Beatles
- Den Rolling Stones gelingt der internationale Durchbruch

1965

- Im Alter von 90 Jahren stirbt in London Winston Churchill
- Erste Fotos vom menschlichen Embryo im Mutterleib
- Ziehung der Lottozahlen erstmals im Fernsehen

1966

- Große Koalition aus CDU/CSU und SPD gebildet
- APO beginnt sich zu formieren

1967

- Sechs-Tage-Krieg in Nahost
- Erste Herztransplantation
- Bürgerkrieg in Biafra
- Kult-Musical »Hair« wird uraufgeführt

1968

- Ermordung des schwarzen Bürgerrechtlers Martin Luther King und des US-Präsidentschaftskandidaten Robert Kennedy
- »Prager Frühling« durch Einmarsch von Warschauer-Pakt-Truppen beendet
- Aufklärungswelle erreicht den Schulunterricht

1969

- Willy Brandt wird Kanzler einer sozialliberalen Koalition
- Der erste Mensch betritt den Mond
- »Sesamstraße« begeistert Millionen von Kindern
- Rockfestival in Woodstock

◀ **John, Paul, George und Ringo: Beatlemania von München bis Manila**

Politik

Der kalte Krieg greift zu neuen Waffen. US-General Lauris Norstad, der Oberbefehlshaber des Nordatlantikpaktes (NATO) in Europa, kündigt erstmals die Aufstellung von europäischen NATO-Einsatztruppen mit atomarer Bewaffnung an. Er sieht den Westen Europas durch die Überlegenheit der sowjetischen Streitkräfte bei konventionellen Waffen gefährdet.

Die hemmungslosen erotischen Abenteuer des Giacomo Casanova werden aus dem »Giftschrank« des Brockhaus-Verlages befreit und zur ersten ungekürzten Veröffentlichung in der BRD freigegeben.

 Politik

Die neueste Errungenschaft des bundesdeutschen Verteidigungsministeriums, die gerade erworbenen »Starfighter«, sollen in Spanien stationiert werden, um im »strategischen Hinterland« mit der Ausbildung der Piloten beginnen zu können. In den nächsten Jahren erweist sich der vermeintlich hochentwickelte Flugzeugtyp als absoluter Flop. Serienabstürze setzen Verteidigungsminister Franz Josef Strauß zunehmend unter Druck.

 Wetter

Das Frühjahr beginnt im März 1960, der mit 4,1 °C etwas wärmer als normal ist, nach Plan.

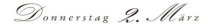

1961

Gesellschaft

Alter schützt vor Liebe nicht, wie kein geringerer als der 79jährige Pablo Picasso beweist. Der weltberühmte spanische Maler heiratet seine langjährige Lebensgefährtin Jacqueline Roque. Es ist Picassos zweite Ehe. Von 1916 bis 1937 war er mit der russischen Tänzerin Olga Chochlowa verheiratet, die 1955 verstarb. Obwohl die heutige Trauung geheim bleiben soll, stürzt sich die internationale Presse auf das Paar.

Politik

Die Idee von US-Präsident John F. Kennedy, ein freiwilliges Friedenskorps aufzustellen, um in Ländern wie Brasilien, Kolumbien, Nigeria, Pakistan oder auf den Philippinen Entwicklungshilfe zu leisten, trifft in den USA auf Begeisterung. Innerhalb nur eines Tages melden sich über 6000 junge Männer zum Dienst. Zunächst werden sie nun auf Tropentauglichkeit untersucht.

Wetter

Bereits sehr warm mit 6,7 °C im Monatsdurchschnitt ist es im März 1961. Gewöhnlich können nur 3,9 °C erwartet werden. Mit 128 Sonnenscheinstunden ist es aber wolkiger als sonst. Das langjährige Mittel bietet 151 Stunden Sonnenschein.

Freitag 2. März

Politik

Die Affäre um Franz Josef Strauß erreicht ihren Höhepunkt. Der Bundesverteidigungsminister hat im Februar Strafanzeige gegen das Nachrichtenmagazin »Der Spiegel« gestellt. In einem Artikel war die Vermutung geäußert worden, Strauß habe sich an den Finanzgeschäften der Baugesellschaft Fibag bereichert. Heute begegnen sich Strauß und der Herausgeber des »Spiegel«, Rudolf Augstein, erstmals vor Gericht in Nürnberg. Ein Bundestagsausschuß stellt im Oktober die Unschuld von Strauß fest.

**Stars der
60er Jahre**

Die Beatles
Popgruppe
Sean Connery
Filmschauspieler
Pelé
Fußballspieler
Jean Paul Belmondo
Filmschauspieler
Dustin Hoffman
Filmschauspieler

Politik

Die Ära von General Ne Win in Birma beginnt. Ein Militärputsch bringt den linksgerichteten General an die Macht, die er bis 1981 innehat. Das seit 1948 von Großbritannien unabhängige Land in Südostasien wird sozialistisch.

Wetter

Außergewöhnlich kalt bleibt es im März 1962 mit einem Monatsschnitt von gerade 1,0 °C gegenüber einem Normalwert von 3,9 °C.

Samstag **2.** *März*

Kultur

Eine real existierende Bardot für die DDR fordert der Film- und Fernsehautor Hans-Oliver Hagen in einem Zeitungsinterview. Ein weibliches Filmidol vom Format der berühmten Brigitte Bardot müsse her, um »das sozialistische Lebensgefühl unserer Menschen« widerzuspiegeln. Die beliebte Schauspielerin Angelica Domröse solle diese Rolle einnehmen, um das DDR-Publikum von westlichen Filmproduktionen wegzulocken.

Sport

Neuer Weltmeister im Eiskunstlauf wird in Cortina d'Ampezzo der Kanadier Donald McPherson. Nach einer perfekten Kür landet er auf dem ersten Platz. In der BRD herrscht Enttäuschung, weil der deutsche Favorit Manfred Schnelldorfer wegen eines Sturzes in der Kür nur Platz 3 erreicht.

»Drücken statt Drehen« heißt die neue Devise beim Telefonieren. In den USA stellt die Western Electric Company das erste sog. Knopftastentelefon vor. Der Telefonapparat ohne Wählscheibe ist einfacher zu bedienen.

Wetter

Noch winterlich ist es im März 1963: Die Temperaturen um 2,7 °C liegen deutlich unter dem Mittelwert von 3,9 °C. Anfangs fallen die 41 mm Niederschläge häufig als Schnee.

Montag 2. März

Professionelle Entwicklungshilfe will die BRD künftig betreiben. Dafür wird heute das »Deutsche Institut für Entwicklungspolitik« eingeweiht. Träger sind die Bundesregierung und die Stadt Berlin. Das Institut soll der Koordination der bundesdeutschen Entwicklungshilfe-Projekte dienen und Konzepte zur sinnvollen Unterstützung der Länder der sog. dritten Welt ausarbeiten.

»Mini« heißt das Schlagwort der 60er – hier in Form eines Strickkleides

Die Elektrizitätsunternehmen VEW und Frankfurt am Main gründen eine GmbH zum Bau eines Kernkraftwerks am Dortmund-Ems-Kanal südlich von Lingen. Das Kraftwerk soll nach Fertigstellung eine Leistung von 250 Megawatt erbringen. Das erste große Kernkraftwerk der BRD geht 1966 in Gundremmingen an der Donau ans Netz.

Sehr kalt bleibt es im März 1964 mit einem Monatsdurchschnitt von nur 0,4 °C. Dabei scheint die Sonne 119 Stunden, doch fällt der Niederschlag von 38 mm fast durchweg als Schnee.

Entrüstung löst ein Bericht der Bundesregierung bei Opfern des NS-Regimes, Hinterbliebenen und Wissenschaftlern aus. Darin heißt es, daß die Verfolgung von NS-Verbrechen als abgeschlossen gilt, da die meisten Straftaten aufgeklärt seien. Angesichts massiver Proteste wird Ende März die Verjährungsfrist für NS-Verbrechen, die ab Mai ablaufen sollte, aber verlängert und die Verfolgung fortgesetzt.

Gesellschaft

Die Arbeiter der deutschen Stahlindustrie freuen sich über eine Lohnerhöhung und ein saftiges Weihnachtsgeld. 7,5% mehr Lohn werden gezahlt und rund 40% des Einkommens zu Weihnachten. Nie ging es den Arbeitern in der BRD besser: Es herrscht praktisch Vollbeschäftigung.

Kurzer Mantel mit Schlaghose: Auch in die Männermode kommt Bewegung

Wetter

Wenig frühlingshaft gibt sich der März in diesem Jahr. Bei klammen 2,3 °C fällt mit 61 mm doppelt soviel Regen wie üblich.

Mittwoch 2. März

 Gesellschaft

Mitten im Ruhrpott wird das avantgardistische Stadttheater Dortmund feierlich eröffnet. Der nordrhein-westfälische Ministerpräsident Franz Meyers (CDU) hält vor 1100 geladenen Gästen die Einweihungsrede. Die Architekten Heinrich Rosskotten und Edgar Tritthart werden für den gewagten Bau mit Schalendach und dreieckigem Grundriß gelobt.

Preise in den 60er Jahren

1 kg Butter	7,58
1 kg Mehl	1,06
1 kg Fleisch	7,91
1 l Vollmilch	0,50
1 Ei	0,21
10 kg Kartoffeln	2,88
1 kg Kaffee	16,61
Stundenlohn	4,15

in DM, Stand 1964

 Kultur

Einen Theaterskandal löst das Stück »Aufstand der Offiziere« von Hans Hellmut Kirst aus, das heute in Berlin Premiere hat. Der »Arbeitskreis 20. Juli 1944« protestiert gegen die »diffamierende Darstellung« der Widerstandskämpfer, die 1944 ein Attentat gegen Hitler versucht hatten. Die Kritik bezeichnet das Stück von Kirst als eine »operettenhafte Parodie des Ereignisses«.

 Wetter

Feucht gestaltet sich der Frühlingsstart im März 1966. Mit 87 mm liegt die Niederschlagsmenge wesentlich höher als im langjährigen Mittel (31 mm).

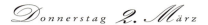

Donnerstag **2.** *März*

Technik

Die Wüste bebt, als die USA den sechsten unterirdischen Atomversuch in diesem Jahr in Nevada durchführen. Die Atomversuche sind wegen ihrer Umweltauswirkungen international umstritten. Auf Anregung der UdSSR kam 1963 für kurze Zeit sogar ein Teststopp zustande. Seitdem aber haben allein die Amerikaner bereits wieder 155 Ladungen zur Explosion gebracht.

Kultur

»Kopfstand Madame« heißt die neue Komödie von Christian Rischert, der heute in den Kinos anläuft. Heinz Bennent spielt eine Hauptrolle.

Sport

Die neuen Weltmeister im Eistanzen heißen Diane Towler und Bernhard Ford. Das britische Paar zeigte in seiner Kür eine überlegene Leistung, die die Jury und das Publikum überzeugte.

Wetter

Die berühmten Tiefausläufer vom Atlantik bescheren einen mit 6,3 °C zwar warmen, aber auch wolkenreichen März 1967. Neben 136 Sonnenscheinstunden fallen dabei 36 mm Niederschlag an.

Samstag 2. März

23 Jahre nach dem Weltkriegsende sind die Folgen des Weltbrandes noch allgegenwärtig, die politischen Konsequenzen heiß umstritten. Angehörige deutscher Vertriebenenverbände zeigen sich empört, als der »Kreis zur deutsch-polnischen Frage« die Anerkennung des Heimatrechtes der Polen fordert, die heute in den ehemaligen deutschen Ostgebieten leben.

Rekorde in den 60er Jahren

Stabhochsprung: Brian Sternberg (USA) – 5,00 m (1963)
Hochsprung: V. Brumel (URS) – 2,28 m (1963)
Weitsprung: Bob Beamon (USA) – 8,90 m (1968)
100 m: Jim Hines (USA) – 9,9 sec (1968)

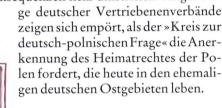

Technik

Im Land der Superlativen wird das größte Flugzeug der Welt präsentiert. Die von der US-amerikanischen Firma Lockheed konstruierte C-5A »Galaxy« wurde für die Luftwaffe entwickelt, die mit dem 330 t schweren und 75 m langen Giganten ihre interkontinentalen Transportaufgaben bewältigen will.

Wetter

Frühlingshafte 5 °C vertreiben im März 1968 die Gedanken an den Winter. Die Sonnenscheindauer bleibt mit 143 Stunden knapp unter dem langjährigen Mittel von 151 Stunden.

1969

Sonntag 2. März

Technik

Das zweite Überschallverkehrsflugzeug der Welt, die »Concorde« startet in Frankreich zum Jungfernflug. Der schlanke Deltaflügler wird von vier Strahltriebwerken angetrieben und kann 144 Passagiere transportieren. Knapp zwei Monate zuvor hat die Sowjetunion mit der »Tupolew TU 144« den ersten Überschall-Jet in die Lüfte gebracht.

Politik

Im Streit um eine Insel liefern sich chinesische und sowjetische Truppen heftige Gefechte. Es geht um die Insel Damanski, die im Grenzfluß Ussuri liegt. Der Tiefpunkt in den chinesisch-sowjetischen Beziehungen ist erreicht. Seit 1960 haben sich die beiden wichtigsten kommunistischen Staaten heillos zerstritten, weil beide die Führungsposition im weltweiten sozialistischen Lager für sich in Anspruch nehmen. Die Welt fürchtet einen chinesisch-sowjetischen Krieg.

Wetter

Der Winter beherrscht den März 1969. Temperaturen um den Gefrierpunkt und außergewöhnlich hohe Niederschläge von 51 mm (normal sind 31 mm) wollen Frühlingsgefühle nicht so recht aufkommen lassen.

Highlights des Jahrzehnts

1970

- Neue deutsche Ostpolitik: Moskauer und Warschauer Vertrag
- Vietnamkrieg weitet sich auf Kambodscha aus
- Einstellung des Contergan-Prozesses

1971

- Einführung des Frauenwahlrechts in der Schweiz
- Friedensnobelpreis für Willy Brandt
- Hot pants – Modeschlager der Saison
- Kinohit »Love Story« rührt Millionen Zuschauer zu Tränen

1972

- Unterzeichnung des Rüstungskontrollabkommens SALT I
- Verhaftung von Baader-Meinhof-Terroristen
- Überfall palästinensischer Terroristen auf die israelische Mannschaft bei den Olympischen Spielen in München
- Unterzeichnung des Grundvertrages zwischen Bundesrepublik und DDR

1973

- Aufnahme beider deutscher Staaten in die UNO
- USA ziehen ihre Truppen aus Vietnam zurück
- Jom-Kippur-Krieg in Nahost
- Ölkrise: Sonntagsfahrverbot auf bundesdeutschen Straßen

1974

- Guillaume-Affäre stürzt Willy Brandt, neuer Bundeskanzler wird Helmut Schmidt
- Watergate-Affäre zwingt US-Präsident Nixon zum Rücktritt

- Deutschland wird Fußballweltmeister
- »Nelkenrevolution« in Portugal

1975

- Beginn des Bürgerkriegs im Libanon
- Unterzeichnung der KSZE-Schlußakte in Helsinki
- Spanien: Tod Francos und demokratische Reformen unter König Juan Carlos I.
- Einweihung des 3 km langen Elbtunnels in Hamburg
- Volljährigkeit von 21 auf 18 Jahre herabgesetzt

1976

- Umweltkatastrophe in Seveso
- Anschnallpflicht für Autofahrer
- Traumhochzeit des Jahres: Karl XVI. Gustav von Schweden heiratet die Deutsche Silvia Sommerlath

1977

- Entführung und Ermordung des Arbeitgeberpräsidenten Hanns Martin Schleyer
- Emanzipationswelle: Frauenzeitschrift »Emma« erscheint

1978

- Friedensverhandlungen zwischen Israel und Ägypten in Camp David
- In England kommt das erste Retortenbaby zur Welt

1979

- Überfall der Sowjetunion auf Afghanistan
- Schiitenführer Khomeini proklamiert im Iran die Islamische Republik
- Sandinistische Revolution beendet Somoza-Diktatur in Nicaragua

◀ **Martina Navratilova gewinnt neunmal in Wimbledon, zuerst 1978**

1970

Montag 2. *März*

Rhodesien wird Republik. Damit wird nach mehr als vier Jahren auch formell ein Schlußstrich unter die Entwicklung gesetzt, die 1965 mit der einseitigen Unabhängigkeitserklärung der Kronkolonie Südrhodesien von Großbritannien begann. Aufgrund der Apartheidspolitik der Regierung Smith ruft Großbritannien alle UN-Mitglieder auf, keine Beziehungen zu dem Land aufzunehmen. Erst nach freien Wahlen 1980 wird das Land als Simbabwe international salonfähig.

 Technik

Die Medizin feiert einen großen Erfolg. Unter der Leitung von Walter Jacoby ist es Münchener Ärzten vor einem Monat erstmals gelungen, menschliche Nerven zu verpflanzen. Die beiden Patienten, bei denen abgetrennte Nerven im Arm durch Transplantationen überbrückt werden konnten, sind wohlauf und machen erstaunliche Fortschritte. Ihre Arme sind wieder voll beweglich.

 Wetter

Unangenehm naß und kalt verläuft der März 1970. 70 mm Niederschlag (Mittelwert 31 mm) bei nur 127 Sonnenstunden (Mittelwert 151) drücken die Stimmung – und die Temperatur auf 1,4 °C.

Dienstag 2. März

Gesellschaft

Nicht nur müde Männer macht Milch munter. Schüler und Mütter gehen auf die Barrikaden, weil sich die Milchpreise in der BRD innerhalb eines Monats verdoppelt haben. Anfang Februar wurde die Preisbindung für Trinkmilch aufgehoben. Nach und nach kletterten daraufhin die Preise immer höher, bis auf 0,80 DM pro Liter. In Schülerzeitungen und Protestbriefen fordern Kinder und Eltern kostenlose »Schulmilch«.

Rekorde in den 70er Jahren

100 m: Marlies Göhr (GDR) – 10,88 sec (1977)
Hochsprung: Rosemarie Ackermann (GDR) – 2,00 m (1977)
Weitsprung: Vilma Bardauskiene (URS) – 7,09 m (1978)
800 m: S. Coe (GBR) – 1:42,4 min (1979)

Gesellschaft

Sportfreunde stehen in München Schlange, um eine der begehrten Karten für die XX. Olympischen Sommerspiele zu ergattern, die 1972 in Bayerns Hauptstadt stattfinden werden. Insgesamt werden von heute an 3,4 Mio. Tickets verkauft.

Wetter

Wie im Vorjahr verweigert auch der März 1971 den Frühlingsbeginn mit zu kühlen 2,2 °C. Die Sonne kommt nur für 128 Stunden heraus – das langjährige Mittel beträgt 151 Stunden.

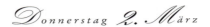

1972

Donnerstag 2. März

Technik

Die Raumsonde »Pioneer 10« geht auf eine lange Reise ohne Wiederkehr. Sie passiert zunächst den Mars, dann 1979 Jupiter und Uranus und schließlich 1987 Pluto, bevor sie das Sonnensystem verläßt. Falls sie dort auf eine extraterrestrische Zivilisation stößt, befindet sich an Bord eine Tafel mit einer Botschaft von der Erde. Die Symbole zeigen eine Frau und einen Mann, kosmische Strahlungswellen, das Wasserstoffatom und das Sonnensystem mit der Erde als Herkunftsplaneten der Sonde.

Gesellschaft

Der Umweltschutz wird erstmals Thema der Bundespolitik. Durch eine Änderung des Grundgesetz-Artikels 74 kann die Regierung zukünftig Gesetze zum Schutz von Mensch und Natur erlassen. Seit Beginn der 70er Jahre wächst in der Bevölkerung das Interesse an umweltpolitischen Themen. Am Ende des Jahrzehnts, 1979, entsteht die Partei der Grünen.

Wetter

Einen langen, kräftigen Winter beendet der März 1972. Das Quecksilber klettert unter dem Einfluß von 154 Sonnenscheinstunden auf 5,9 °C – zwei Grad über den langjährigen Durchschnittswert für diesen Monat.

Freitag **2.** *März*

Die Hoffnungen auf einen Frieden in Vietnam wachsen. Auf der Internationalen Vietnamkonferenz in Paris unterzeichnen zwölf Außenminister die Schlußakte, die die Einhaltung des seit Januar geltenden Waffenstillstands garantieren soll. Seit 1964 haben amerikanische Soldaten offen auf der Seite der Südvietnamesen gekämpft, unterliegen aber dem kommunistischen Norden. Noch 1973 verlassen die amerikanischen Truppen Vietnam. Der Krieg geht aber weiter, bis zur Kapitulation Südvietnams 1975.

Sport

Die Weltmeister im Eiskunstlauf stehen fest. Im Paarlauf belegen Irina Rodnina und Alexandr Zaitsew (Sowjetunion) den ersten Platz. Den Titel bei den Damen holt sich Karin Magnussen (Kanada).

Wetter

Warm und sehr naß präsentiert sich der März 1973. Bei einem Temperaturschnitt von 5,6 °C fallen mit 73 mm mehr als doppelt so viele Niederschläge wie gewöhnlich in diesem Monat (31 mm).

Preise in den 70er Jahren

1 kg Butter	8,36
1 kg Mehl	1,16
1 kg Fleisch	10,15
1 l Vollmilch	1,06
1 Ei	0,22
10 kg Kartoffeln	6,44
1 kg Zucker	1,65
Stundenlohn	10,40

in DM, Stand 1975

1974

Samstag 2. März

Kohle ohne Ende findet das Geologische Institut in London. Es meldet, daß in North Oxfordshire ein großes Kohlefeld entdeckt worden ist, dessen Vorkommen nach Expertenschätzungen den britischen Bedarf der nächsten 70 Jahre decken kann.

Gesellschaft

Stars der 70er Jahre

Robert de Niro
Filmschauspieler
Jane Fonda
Filmschauspielerin
Woody Allen
Filmregisseur
Steven Spielberg
Filmregisseur
Muhammad Ali
Boxer

Die Ölkrise hat Konsequenzen. In Europa, dem Mittleren Osten und Afrika werden Flugtickets erstmals rund 7% teurer. Die International Air Transport Association (IATA) gibt als Grund für die Preisanhebung die gestiegenen Treibstoffkosten an. Hintergrund für diese Entwicklung ist das von den arabischen OPEC-Staaten 1973 aus Protest gegen die internationale Israel-Politik verhängte Ölembargo.

Wetter

Einen herrlichen Vorfrühling bringt der März 1974. 173 Sonnenstunden treiben die Temperaturen auf einen Monatsschnitt von 6,3 °C. Mit 12 mm Niederschlag fällt nur ungefähr ein Drittel der langjährigen Durchschnittsmenge.

Sonntag 2. März

Kultur

Die »Dreigroschenoper« wird heute in Berlin zum Gedenken an den 75. Geburtstag von Kurt Weill aufgeführt, der 1950 in New York verstorben ist. Die berühmtesten seiner Kompositionen schrieb der Schüler von Humperdinck und Busoni für Stücke von Bertolt Brecht; darunter neben der »Dreigroschenoper« die Musik zum Schauspiel »Aufstieg und Fall der Stadt Mahagonny« (1930). Zusammen mit Brecht erarbeite Weill die Musik für das sog. epische Theater, das seine Zuschauer zum Umdenken »erziehen« will. Ab 1938 arbeitete Weill vorwiegend für Theater-Produktionen an New Yorker Broadway-Bühnen.

Sport

Erstmals gewinnt ein Deutscher den über 85 km führenden Wasa-Skilanglauf von Selen nach Mora in Schweden. Dietmar Klause aus der DDR schlägt sämtliche Konkurrenten aus dem Feld und überrascht mit seiner herausragenden Leistung.

Wetter

Wenig spektakulär verläuft der März 1975. Mit 4,4 °C ist es um 0,5 Grad wärmer als normalerweise, obwohl nur 131 Sonnenstunden (langjähriger Mittelwert 151) registriert werden.

Dienstag 2. März

 Politik

Zwei Welten prallen aufeinander. Rumänien, das dem Warschauer Pakt angehört, und das NATO-Mitglied Griechenland vereinbaren die Lieferung von 2000 Militärjeeps aus rumänischer Produktion an die griechischen Streitkräfte. Zum ersten Mal seit Beginn des kalten Krieges wird die klare Grenze zwischen den westlichen und östlichen Militärbündnissen überschritten.

 Kultur

Ein Diktator verleiht seine Armee. Mit Erlaubnis des philippinischen Staatschefs Marcos dreht der US-amerikanische Regisseur Francis Ford Coppola die Schlachtszenen zu seinem Vietnam-Film »Apocalypse Now« mit Hunderten von Soldaten der Armee des Landes.

Ausgestellte Hosen und viel Schmuck trägt die moderne Frau in den 70er Jahren

Wetter

Viele wolkenverhangene Tage trüben im März 1976 die Stimmung. Mit 116 Sonnenstunden liegt der Monat fast ein Drittel unter dem Durchschnitt. Das Thermometer bleibt bei 1,3 °C stehen; der langjährige Mittelwert liegt bei 3,9 °C.

Mittwoch **2.** *März*

Politik

Die europäischen Kommunisten proben den Aufstand. In Madrid treffen die Vorsitzenden der kommunistischen Parteien Spaniens, Frankreichs und Italiens zusammen, um über den »Euro-Kommunismus« zu beraten. In einer gemeinsamen Erklärung machen sie, ohne direkte Angriffe auf die Sowjetunion zu formulieren, deutlich, daß sie die sowjetische Unterdrückungspolitik ablehnen und sich zu den bürgerlichen Freiheitsrechten und dem parlamentarischen System bekennen.

Voll im Zeitgeschmack: Der Midimantel mit aufgesetzten Taschen für kalte Winter

Gesellschaft

Nackte Tatsachen für den Mann bietet ab sofort der deutsche Zeitschriftenmarkt. Das seit 13 Jahren in Paris erscheinende Männermagazin »Lui« erscheint heute erstmals in deutscher Sprache.

Wetter

Mit 81 Sonnenstunden bietet der März gerade die Hälfte des langjährigen Mittels. Trotz der 6,5 °C wird die Witterung wegen der häufigen Niederschläge (59 mm) als kalt empfunden.

Donnerstag 2. März

 Politik

Die Polizei wird fündig. In einem Kölner Hochhaus entdecken Beamte eine »konspirative Wohnung« der terroristischen RAF. Der Fund ist jedoch kein Anlaß zur Freude. Jetzt wird bekannt, daß der Vermieter bereits einige Tage nach der Entführung des Arbeitgeberpräsidenten Hanns-Martin Schleyer 1977 die Polizei auf die Wohnung aufmerksam gemacht hatte, aber dennoch keine Überprüfung vorgenommen wurde. Nach den Ergebnissen der Spurensicherung war Schleyer hier gefangen, bevor er von der RAF ermordet wurde.

Charlie Chaplin ist keine Ruhe vergönnt. Sein Sarg wird vom Schweizer Friedhof Corsier sur Vevey gestohlen und taucht erst Ende 1978 wieder auf, als die Erben das geforderte Lösegeld nicht zahlen.

 Gesellschaft

Kaffee, Benzin und Gold werden ab heute in der UdSSR drastisch teurer. Moskaus Kassen sind wegen der jahrzehntelangen Aufrüstung leer. Besonders vom neuen Preis für Benzin, das aus eigenen Ölquellen stammt, verspricht sich der Kreml eine Finanzspritze.

 Wetter

Viel Regen gibt es im März 1978 mit 62 mm bei durchschnittlich 5,7 °C warmer Luft.

Freitag 2. März

Politik 🌐

Waliser und Schotten gelten in England als eigensinnig und bestätigen diesen Ruf aus Londoner Perspektive heute einmal mehr. Die britische Regierung hat in Wales und Schottland dem Volk Autonomiegesetze zur Abstimmung vorgelegt, die den dortigen Untertanen von Elisabeth II. aber nicht weit genug gehen. Besonders in Schottland verstärkt sich in den 80er Jahren die Tendenz, einen eigenen Staat zu fordern.

Kultur 🎭

Der Hit »Heart Of Glass« der US-Gruppe »Blondie« hält sich standhaft auf Platz eins der britischen Hitliste. Vor einem Monat hatte der Titel die Spitze der Charts erklommen. Auf diesen Riesenerfolg folgt direkt der nächste. Die Single »Sunday Girl« kommt ebenfalls gut an und hält sich drei Wochen auf dem Spitzenplatz. Besonders die Sängerin der Gruppe, Deborah Harry, hat in Großbritannien viele Fans.

Wetter ☀️

Der harte Winter 78/79 will noch nicht so recht ausklingen. Der März 1979 ist mit 3,3 °C etwas zu kalt und bleibt mit 89 Sonnenstunden 40% unter dem langjährigen Mittel von 151 Stunden.

1980-1989

Highlights des Jahrzehnts

1980

- Golfkrieg zwischen Iran und Irak
- Gründung einer neuen Bundespartei: »Die Grünen«
- Bildung der polnischen Gewerkschaft »Solidarność«

1981

- Attentate auf US-Präsident Ronald Reagan, den Papst und Ägyptens Staatschef Anwar As Sadat
- Erster Start der wiederverwendbaren Raumfähre »Columbia«
- In den USA werden die ersten Fälle von AIDS bekannt
- Hochzeit des Jahres: Der britische Thronfolger Charles, Prince of Wales, heiratet Lady Diana

1982

- Krieg um die Falkland-Inseln
- Sozialliberale Koalition bricht auseinander; Helmut Kohl wird neuer Bundeskanzler
- Selbstjustiz vor Gericht: der »Fall Bachmeier«
- »E. T. – der Außerirdische« wird zum Kinohit

1983

- US-Invasion auf Grenada
- Skandal um gefälschte Hitler-Tagebücher
- Aerobic wird in der Bundesrepublik populär

1984

- Richard von Weizsäcker wird Bundespräsident
- Ermordung von Indiens Ministerpräsidentin Indira Gandhi, Nachfolger wird ihr Sohn Rajiv Gandhi

1985

- Michail Gorbatschow wird neuer Kremlchef
- Sensation: Boris Becker siegt als erster Deutscher in Wimbledon
- »Live-Aid-Concert« für Afrika

1986

- Attentat auf Schwedens Ministerpräsident Olof Palme
- Katastrophe im Kernkraftwerk Tschernobyl
- Explosion der US-Raumfähre »Challenger«
- Premiere des Musicals »Cats« in Hamburg

1987

- Widerstand gegen Volkszählung
- Barschel-Affäre in Kiel
- Matthias Rust landet mit einem Sportflugzeug auf dem Roten Platz in Moskau

1988

- Atommüllskandal in Hessen
- Ende des Golfkriegs
- Geiseldrama von Gladbeck als Medienspektakel
- Dopingskandal überschattet Olympische Spiele in Seoul
- Reagan und Gorbatschow vereinbaren Verschrottung atomarer Mittelstreckenraketen

1989

- Die DDR öffnet ihre Grenzen
- Blutbad auf dem Platz des Himmlischen Friedens in Peking
- Demokratisierungskurs im gesamten Ostblock
- »Exxon Valdez«: Ölpest vor Alaska

◄ Der »Thriller« der 80er: Michael Jackson ist der Megastar der Rockmusik

Sonntag 2. März

Gesellschaft

Sein Kanton ist dem Schweizer heilig, und deshalb stimmen die Eidgenossen in der heutigen Volksabstimmung gegen ein Gesetz, das bundesweit die Trennung von Kirche und Staat vorsieht. Das Gesetz hätte die Bundesregierung in Bern gestärkt, und das wäre den meisten Schweizern gar nicht recht. Sie sind mit dem recht lockeren Eidgenossenbund eigentlich sehr zufrieden.

Kultur

Preise in den 80er Jahren

1 kg Butter	9,44
1 kg Mehl	1,36
1 kg Fleisch	11,83
1 l Vollmilch	1,22
1 Ei	0,26
10 kg Kartoffeln	8,84
1 kg Zucker	1,94
Stundenlohn	17,23
in DM, Stand 1985	

Unterschiedlicher könnten sie kaum sein, die diesjährigen Preisträger des Deutschen Kleinkunstpreises, der heute in Mainz verliehen wird: Der aristokratische Komiker Vicco von Bülow, der als Loriot bekannt wurde, und der politisch motivierte Barde Wolf Biermann, der mit seinen kritischen Balladen seit seiner Ausbürgerung aus der DDR 1976 in der BRD Karriere macht.

Wetter

Verhangen und kühl gibt sich der März 1980. Bei durchschnittlich 2,6 °C bleibt das Quecksilber 1,3 Grad unter dem langjährigen Mittelwert.

Montag **2.** *März*

Auf offenen Konfrontationskurs gehen die USA gegenüber Nicaragua. Dort herrschen seit 1979 die linksorientierten Sandinisten, die den Diktator Somoza vertrieben haben. In Washington hingegen herrscht seit Januar der konservative Präsident Reagan. Er streicht heute jedwede Wirtschaftshilfe für Nicaragua und steckt das Geld lieber der rechtsgerichteten Untergrundbewegung der Contras zu, die gegen die Sandinisten kämpfen.

Der Karneval macht's möglich: Mitten im Rosenmontagstrubel rauben zwei Heidelberger inmitten der Narren völlig unbemerkt eine Bank aus und machen mit 2,8 Millionen DM fette Beute.

Für 137 pakistanische Flugzeugpassagiere wird ein ganz normaler Inlandsflug zum Alptraum. Anhänger der Pakistanischen Volkspartei entführen das Flugzeug nach Kabul und fordern die Freilassung von 90 politischen Gefangenen. Als die Terroristen einen Fluggast erschießen, läßt die Regierung 54 Häftlinge gehen.

Frühlingshaft warm, aber auch sehr feucht ist es im März 1981. Mit 6,9 °C liegen die Temperaturen im Schnitt drei Grad über dem langjährigen Mittel.

1982

Dienstag 2. März

 Gesellschaft

Neue Wege braucht das Land, meint Bundesverkehrsminister Volker Hauff (SPD) und kündigt an, daß bis 1990 Fahrradwege mit einer Gesamtlänge von 3000 km gebaut werden sollen. Dafür stellt der Bund 700 Mio. DM zur Verfügung. Hauff signalisiert damit seine Offenheit gegenüber den immer lauter werdenden Forderungen der Grünen nach autofreien Innenstädten. In deutschen Stadtzentren herrscht permanentes Verkehrschaos durch Autofahrer.

Rekorde in den 80er Jahren

1500 m: S. Aouita (MAR) – 3:29,46 min (1985)
Stabhochsprung: Sergej Bubka (URS) – 6,00 m (1985)
100 m: Florence Griffith (USA) – 10,49 sec (1988)
Hochsprung: Javier Sotomayor (CUB) – 2,44 m (1989)

 Gesellschaft

Lehrer sollen Vorbild sein, aber keine Meinungsmache betreiben. Deshalb verbietet ihnen das Bundesarbeitsgericht, Plaketten mit Meinungsäußerungen wie etwa »Atomkraft? – Nein Danke!« vor ihren Schülern zu tragen.

 Wetter

Ziemlich normal präsentiert sich der März 1982. 32 mm Niederschlag und 164 Sonnenscheinstunden liegen in der Nähe des langjährigen Mittelwerts.

Mittwoch **2.** *März*

Gesellschaft

Einer der aufsehenerregendsten Prozesse der letzten Jahre geht heute in Lübeck zu Ende. Marianne Bachmeier wird zu sechs Jahren Haft wegen Totschlags und unerlaubten Waffenbesitzes verurteilt. Die 32jährige hat 1981 den Mörder ihrer Tochter im Gerichtssaal erschossen, nachdem er gestanden hatte, das Mädchen sexuell mißbraucht und dann erwürgt zu haben.

Kultur

Der russische Schriftsteller Alexander I. Solschenizyn wird in den USA mit dem Preis der Templeton-Stiftung geehrt. Die Auszeichnung ist mit 170 000 US-Dollar dotiert. Der Menschenrechtler Solschenizyn wurde 1974 aufgrund seiner oppositionellen Haltung aus der UdSSR ausgewiesen. Seither lebt er in den Vereinigten Staaten. Zu seinen berühmtesten Werken zählt der Roman »Krebsstation« und sein Bericht über sowjetische Straflager, »Der Archipel GULAG«.

Wetter

Feuchtes Wetter bringt der März 1983. Mit 5,4 °C liegt die Durchschnittstemperatur über dem langjährigen Mittel (3,9 °C); die Sonne kann den Hochnebel nur 74 Stunden lang durchbrechen.

Freitag 2. *März*

 Politik

Nicht in die USA einreisen darf der Attaché der sowjetischen Olympiamannschaft, Oleg Jermischkin. Das US-State-Departement sieht in ihm einen Spion und erwartet vom Nationalen Olympischen Komitee der Sowjetunion die Ernennung eines neuen Attachés. 1984 finden in Los Angeles die Olympischen Sommerspiele statt. Der Ostblock boykottiert die Spiele aber aus Protest gegen die amerikanische Militärintervention im karibischen Inselstaat Grenada.

 Politik

In Birma wird eine offizielle Staatsfeier zum zehnjährigen Bestehen der »Sozialistischen Republik Union Birma« eröffnet. 1974 hat General Ne Win die Revolution für beendet erklärt, nachdem er 1962 die Regierung gestürzt und die Verfassung außer Kraft gesetzt hatte.

> Nie war er so weit weg wie heute. Der Mond erreicht mit 406 711 km die weiteste Entfernung von der Erde in diesem Jahrhundert. Der Erde am nächsten war der Erdtrabant im Januar 1912.

 Wetter

Ein normaler Wetterverlauf kennzeichnet den März 1984. Mit 2,9 °C ist es allerdings ein Grad kühler als gewöhnlich – trotz der 158 Sonnenscheinstunden.

Samstag 2. März

Politik

Richtung Moskau fliegt Bundesaußenminister Hans-Dietrich Genscher ab. Anschließend besucht er weitere Staaten des Ostblocks. Genscher sieht sich als Vermittler im neuesten Streit der beiden Supermächte USA und UdSSR. Amerikas Präsident Ronald Reagan trat kürzlich mit dem Plan an die Öffentlichkeit, im Weltall Abwehrwaffen gegen Atomraketen zu installieren. Dieses »SDI« genannte Projekt hat Moskau zu schärfsten Reaktionen veranlaßt. Der Kreml glaubt, die USA wollen einen Atomwaffenschirm entwickeln, um unbeschadet einen Vernichtungsschlag gegen die UdSSR führen zu können. Der »Krieg der Sterne« erweist sich aber technisch und finanziell als undurchführbar; SDI wird 1993 offiziell aufgegeben.

Politik

Uruguay kehrt zurück zur Demokratie. Nach zwölf Jahren diktatorischer Militärherrschaft nimmt der 1984 frei gewählte Staatspräsident Julio Maria Sanguinetti die Amtsgeschäfte auf.

Wetter

Enttäuschend wenig Sonne bringt der März 1985. Die 71 Sonnenstunden sind nicht einmal die Hälfte des langjährigen Mittelwertes (151).

Sonntag 2. März

Politik

Königin Elisabeth II. unterzeichnet das Australien-Gesetz, das alle verfassungsmäßigen Bindungen des Landes an Großbritannien aufhebt. Bis 2001 soll Australien eine föderative Republik mit eigenem Staatsoberhaupt werden. Bis dahin bleibt die britische Königin wie bisher Staatsoberhaupt. Australien stand seit Ende des 18. Jahrhunderts als Kolonie unter der Kontrolle der britischen Krone, ist aber seit 1901 de facto unabhängig.

Politik

Auffällig unauffällig: So stellt sich die lässige Frau der 80er ihre Mode zusammen

Mit Spannung werden die Ergebnisse der Kommunalwahlen in Schleswig-Holstein erwartet. Am Abend ist alles klar: SPD und die Grünen sind die Gewinner der Wahl. CDU und FDP verlieren Stimmen. Allerdings bleiben die Christdemokraten mit 44,2% stärkste Partei.

Wetter

Westwinde bringen Regen im März 1986. Mit 58 mm Niederschlag und nur 111 Sonnenstunden weichen beide Werte vom langjährigen Mittel für den Monat ab (31 mm; 151 Sonnenstunden).

Montag 2. März

Rumänien wird zum Krisenherd. Teile der Bevölkerung protestieren gegen die extrem schlechte Versorgung mit Lebensmitteln. Seit Beginn der 80er Jahre versucht die rumänische Führung ohne Rücksicht auf die Bevökerung, die Auslandsschulden durch Agrarexporte abzubauen. Der Unmut gegen Diktator Ceaușescu wächst. Während der Revolution 1989, die den rumänischen Kommunismus beendet, wird Ceaușescu standrechtlich erschossen.

Gesellschaft

Udo Jürgens singt in Ostberlin. Der Friedrichstadtpalast ist ausverkauft. Die DDR-Behörden erlaubten das Gastspiel, weil das Repertoire des Sängers ihnen ungefährlich erschien.

Leger und bequem: Herrenmode im Oversize-Stil mit Jackenmantel

Wetter

Die Kältewelle des Winters 1987 setzt sich in den März hinein fort. Gerade einmal 0,4 °C weist der Temperaturschnitt des Monats auf. Das langjährige Mittel beträgt 3,9 °C. Dabei ist es mit 26 mm Niederschlag und 153 Stunden Sonne recht trocken.

Mittwoch 2. März

 Politik

Spraydosen sind »out«. Das Bundeskabinett in Bonn beschließt, die Verwendung von Spraydosen, die mit Fluorchlorkohlenwasserstoff (FCKW) als Treibgas funktionieren, weitgehend zu verbieten. Angeblich haben »neueste Forschungen« belegt, daß dieses Gas die Ozonschicht der Erdatmosphäre schädigt. Tatsächlich ist dieser Effekt bereits seit 1975 belegt – in Amerika sind Spraydosen mit FCKW schon seit zehn Jahren verboten.

 Politik

Vogel-Strauß-Politik betreiben Bundesinnenministerium und Verfassungsschutz. Sie teilen öffentlich mit, daß der Rechtsradikalismus in der BRD keinen Anlaß zur Besorgnis gebe. Durch die Verhaftung von nur vier Rechtsextremen bei einer bundesweiten Razzia sehen sie ihre Ansichten bestätigt. Wenig später sieht das ganz anders aus. Anfang der 90er Jahre bricht eine Welle rechter Gewalt über die Bundesrepublik herein.

 Wetter

Düster ist der März 1988. Mit 2,9 °C ist es ein Grad kälter als im langjährigen Mittel. 72 mm Niederschlag (31 mm sind normal) und bescheidene 78 Sonnenstunden trüben die Stimmung.

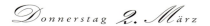

Donnerstag 2. März

Gesellschaft

Computerhackern wird das Handwerk gelegt. 100 Polizeibeamte durchsuchen heute Wohnungen, deren Mieter als Schreibtisch-Spione verdächtigt werden. In Hannover finden die Beamten, was sie suchen: Eine Gruppe von vier Hackern stellt über ganz normale PCs Kontakte zu Rechnern der US-Streitkräfte, zu Atomlabors und Weltraumbehörden her. Erste Ermittlungen ergeben, daß die Hacker dem sowjetischen Geheimdienst KGB die Daten verkauft haben. Der rätselhafte Mord an einem der vier Hacker macht die ganze Geschichte endgültig obskur.

Gesellschaft

1500 Busse und LKW erhalten Filter, die den Rußausstoß um 90% reduzieren. Das Umweltministerium finanziert das Projekt mit 20 Mio. DM. Busse und LKW sind zu 75% am Jahresrußausstoß von 70 000 t beteiligt.

Wetter

Die Wärmeperiode der Vormonate hält im März 1989 an. Es ist 3,3 Grad wärmer als üblich.

Stars der 80er Jahre

Richard Gere
Filmschauspieler
Madonna
Sängerin
Harrison Ford
Filmschauspieler
Jodie Foster
Filmschauspielerin
Michael Jackson
Sänger

1990–1996

Highlights des Jahrzehnts

1990

- Wiedervereinigung Deutschlands
- Südafrika: Nelson Mandela nach 27jähriger Haft freigelassen
- Irakische Truppen überfallen das Emirat Kuwait
- Gewerkschaftsführer Lech Walesa neuer polnischer Präsident
- Litauen erklärt Unabhängigkeit
- Deutsche Fußballnationalelf zum dritten Mal Weltmeister
- Star-Tenöre Carreras, Domingo und Pavarotti treten gemeinsam auf

1991

- Alliierte befreien Kuwait und beenden Golfkrieg
- Auflösung des Warschauer Pakts
- Bürgerkrieg in Jugoslawien
- Auflösung der Sowjetunion – Gründung der GUS
- Sensationeller archäologischer Fund: »Ötzi«
- Vertrag von Maastricht
- Sieben Oscars für Kevin Costners »Der mit dem Wolf tanzt«
- Bürgerkrieg in Somalia
- Frieden im Libanon

1992

- Abschaffung der Apartheid-Politik in Südafrika
- Entsendung von UNO-Blauhelmsoldaten nach Jugoslawien
- Tod des ehemaligen Bundeskanzlers Willy Brandt
- Bill Clinton zum 42. US-Präsidenten gewählt
- In Hamburg wird mit Maria Jepsen zum ersten Mal eine Frau Bischöfin
- Fertigstellung des Rhein-Main-Donau-Kanals

1993

- Teilung der ČSFR in die Tschechische und die Slowakische Republik
- Rechtsradikale Gewaltakte gegen Ausländer
- Gaza-Jericho-Abkommen zwischen Israel und der PLO
- Skandal um HIV-Blutplasma
- Einführung von fünfstelligen Postleitzahlen im Bundesgebiet
- Sexskandal um Pop-Star Michael Jackson

1994

- Nelson Mandela erster schwarzer Präsident Südafrikas
- Fertigstellung des Eurotunnels unter dem Ärmelkanal
- Über 900 Todesopfer beim Untergang der Fähre »Estonia«
- Abzug der letzten russischen Truppen aus Berlin
- Michael Schumacher erster deutscher Formel-1-Weltmeister

1995

- Weltweite Proteste gegen französische Atomversuche im Pazifik
- Giftgasanschlag in Tokio
- Einführung von Pflegeversicherung und Solidaritätszuschlag
- Verpackungskünstler Christo verhüllt den Berliner Reichstag
- Ermordung des israelischen Regierungschefs Yitzhak Rabin
- Friedensvertrag für Bosnien

1996

- Arafat gewinnt Wahlen in Palästina
- IRA kündigt Waffenstillstand auf
- 100 Jahre Olympia: Jubiläumsspiele der Superlative in Atlanta

◄ **Magic Johnson, Star des Basketball-»Dream Teams« aus den USA**

Freitag 2. März

Politik

Bundeskanzler Helmut Kohl katapultiert sich mit einer Rede ins Kreuzfeuer der Kritik: Er macht die Anerkennung der Oder-Neiße-Linie als polnische Westgrenze davon abhängig, daß Polen auf Reparationen für Schäden aus dem Zweiten Weltkrieg verzichtet und die »Rechte der Deutschen« in Polen anerkennt. Die Diskussion darüber ist wegen der ins Haus stehenden deutschen Wiedervereinigung neu aufgeflammt. Der Zwei-plus-vier-Vertrag bringt im September die Anerkennung der polnischen Grenze.

Rekorde in den 90er Jahren

Weitsprung: Mike Powell (USA) – 8,95 m (1991)

110 m Hürden: Colin Jackson (USA) – 12,91 sec (1993)

Skifliegen: E. Bredesen (NOR) – 209 m (1994)

Dreisprung: J. Edwards (GBR) – 18,29 m (1995)

Technik

Der Airbus A321 muß billiger werden. Deshalb wird das europäische Vorzeigeflugzeug in Deutschland ab sofort komplett in Hamburg montiert, wo bisher nur der Innenausbau stattfand. Der Airbus soll die Dominanz des US-Konzerns Boeing auf dem Markt brechen.

Wetter

Weniger Sonne als gewöhnlich bietet der März in diesem Jahr mit seinen 115 Stunden Sonnenschein.

1991

Politik

Der Golfkrieg ist zu Ende: Der UNO-Sicherheitsrat verabschiedet eine Resolution über die Bedingungen des Waffenstillstands. Der Irak soll Gefangene freilassen und für die Kriegsschäden aufkommen. Am 3. März akzeptiert Diktator Saddam Hussein die Vorgaben. Im Januar haben internationale Truppen unter Führung der USA die Iraker angegriffen, weil Hussein im Sommer 1990 das ölreiche Kuwait annektiert hatte. Der Kriegseinsatz war international umstritten; auch in der BRD gab es Massenproteste gegen die Gewaltanwendung.

Sport

Der deutsche »Rocky«, Graziano Rocchigiani, wird Boxeuropameister im Halbschwergewicht. Vor 4000 Zuschauern in Düsseldorf gewinnt der 27jährige den Kampf gegen den Briten Ashley Crawford knapp nach Punkten.

Stars der 90er Jahre

Kevin Costner
Filmschauspieler
Julia Roberts
Filmschauspielerin
Whitney Houston
Sängerin
Michael Schumacher
Rennfahrer
Luciano Pavarotti
Sänger

Wetter

Nach einem milden Winter bringt der März 1991 rasch den Frühling. Der Temperaturdurchschnitt von 6,9 °C liegt drei Grad über dem Standard.

Montag 2. März

Politik

Acht neue Mitglieder hat die UNO ab heute. Es handelt sich ausnahmslos um neue souveräne Staaten, die durch den Zerfall der UdSSR Ende 1991 entstanden sind. Das Jahr 1991 hat die größten territorialen Veränderungen seit dem Ende des Zweiten Weltkriegs mit sich gebracht. Übrigens erscheinen in diesem Jahr wegen der neuen und sich noch immer ständig ändernden Lage zahlreiche angekündigte Neuauflagen renommierter Atlanten nicht – im wahrsten Sinne des Wortes müssen die Weltkarten neu gezeichnet werden.

Kultur

Der begehrte Grimme-Preis wird verliehen. In Marl überreicht der Leiter des Adolf-Grimme-Instituts die Auszeichnungen. Der Filmemacher Alexander Kluge erhält für seinen Fernsehfilm »Das Goldene Flies« den ersten Preis in der Sparte Information und Kultur.

Wetter

Mit gerade 103 Sonnenstunden enttäuscht der März 1992 und bleibt um fast ein Drittel hinter dem langjährigen Durchschnitt zurück. Entsprechend regnerisch ist es mit 79 mm Niederschlag (langjähriges Mittel 31 mm).

1993

 Dienstag *2. März*

Politik

Eine neue Welle der Gewalt erschüttert den Nahen Osten. Weil ein Palästinenser zwei Israelis erschossen hat, riegelt die Regierung in Jerusalem den besetzten Gazastreifen ab. Weitere Attentate folgen. So krisenreich das Jahr im Nahen Osten auch beginnt, so hoffnungsvoll geht es zu Ende. Im September reichen sich in Washington PLO-Chef Jasir Arafat und Israels Premier Yitzhak Rabin die Hände und besiegeln das Gaza-Jericho-Abkommen. Damit besteht zum ersten Mal seit Gründung des Staates Israel 1948 eine realistische Chance auf einen Frieden in der Krisenregion Nahost.

Kultur

Die Hamburger können erstmals das »Meeresufer im Mondschein«, ein Werk von Caspar David Friedrich, bewundern, das die Kunsthalle für 3,5 Mio. DM erworben hat.

Wetter

So normal ist das Wetter selten wie im März 1993. Die Regenmenge von 35 mm, die 145 Sonnenstunden und die 4,5 °C Durchschnittstemperatur entsprechen fast den Standards.

Preise in den 90er Jahren

1 kg Butter	8,20
1 kg Mehl	1,21
1 kg Fleisch	12,85
1 l Vollmilch	1,33
1 Ei	0,27
10 kg Kartoffeln	10,30
1 kg Zucker	1,92
Stundenlohn	24,91
in DM, Stand 1993	

Mittwoch 2. März

 Technik

Das als »Milliardenflop« von den Grünen und der SPD kritisierte Projekt Magnetschnellbahn Transrapid wird Wirklichkeit. Das Bundeskabinett beschließt die Errichtung der ersten Strecke Hamburg–Berlin. Alle ökologischen und ökonomischen Einwände können die Begeisterung der Regierung nicht bremsen. Sie verteidigt die Bahn, die bis zu 435 km/h erreicht, als Start in ein neues Zeitalter der Verkehrstechnologie. 2005 soll die Strecke fertig sein.

 Gesellschaft

Im britischen Medienpoker wechselt die Tageszeitung »The Independent« den Besitzer. Nach zähen Verhandlungen stimmt die Chefetage des Blattes einem Verkauf an die »Mirror«-Gruppe für 47,7 Mio. Pfund zu.

Krawatte ist kein Muß mehr: Anzug mit zweireihigem Sakko

 Wetter

Reichlich Regen beschert der März 1994. Mit 95 mm Niederschlägen fällt mehr als das Dreifache der gewöhnlichen Menge. Dabei ist es mit 6,2 °C über zwei Grad zu warm für diesen Monat.

Donnerstag **2. März**

Politik

Manfred Kanther gibt sich hart. Nach mehreren Brandanschlägen auf türkische Reisebüros verbietet der Bundesinnenminister das Kurdistan-Informationsbüro (KIB), das angeblich die verbotene kurdische Arbeiterpartei PKK unterstützt. Das kurdische Volk, dessen Angehörige in der Türkei, im Iran, im Irak, in Syrien und Transkaukasien leben, kämpft seit Jahrhunderten um einen eigenen Staat und wird besonders in der Türkei massiv unterdrückt.

Für die heißen Sommer der 90er Jahre: Kleid mit Bustieroberteil

---

Politik

Ob das Sitzen vor militärischen Einrichtungen als freie Meinungsäußerung zu betrachten ist oder – wie bisher – als Nötigung bestraft werden soll, berät zur Zeit das Bundesverfassungsgericht in Karlsruhe. Das Urteil ergeht am 15. März: Künftig dürfen straffrei Sitzblockaden durchgeführt werden.

Wetter

Der Frühling stellt sich auch in diesem Jahr regenreich ein. 54 mm Niederschlag überbieten das langjährige Mittel für den März um über 40 %.

Samstag **2.** *März*

1997

Sonntag **2.** *März*

Sonntag 2. März

Jennifer Jones

*2.3.1919 Tulsa/Oklahoma

Ihre Karriere als Schauspielerin begann, als sie 1940 den Filmproduzenten David O. Selznick kennenlernte. Er entdeckte ihr Talent und förderte sie fortan. 1943 avancierte Jennifer Jones durch die anspruchsvolle Hauptrolle in »Das Lied der Bernadette« zum Star. Für ihre herausragende Darstellung der Heiligen erhielt sie einen Oscar. Selznicks Interesse war wohl nicht nur rein beruflicher Natur, denn 1949 heirateten die beiden. Große Erfolge feierte Jennifer Jones auch in »Duell in der Sonne« (1946) und »Portrait of Jennie« (1948).

Montag 2. März

Michail S. Gorbatschow
*2.3.1931 Priwolnoje (UdSSR)

Als einer der wichtigsten Reformer der Neuzeit wird Michail S. Gorbatschow in die Geschichte eingehen. Als er 1991 den Friedensnobelpreis entgegennahm, war die Welt nicht mehr dieselbe wie 1985, als er Generalsekretär der KPdSU wurde. Er befreite sein Land durch politische und wirtschaftliche Reformen aus der sozialistischen Erstarrung und beendete durch Aufgabe von Großmachtansprüchen den kalten Krieg. Ende 1991 überrollten ihn mit der Auflösung der UdSSR und dem Ende seiner Präsidentschaft seine eigenen Reformen.

Samstag 2. März

Lothar de Maizière

*2.3.1940 Nordhausen

Als Anwalt seiner ostdeutschen Landsleute betrat de Maizière nach dem Zusammenbruch des SED-Regimes die politische Bühne. 1989 verhalf er der Ost-CDU als Vorsitzender zur Vereinigung mit der Bundes-CDU und wurde Anfang 1990 Minister-präsident in Ostberlin. Bald geriet er in Verdacht, Mitarbeiter der DDR-Staatssicherheit gewesen zu sein, und trat zurück. 1991 nahm er seine Parteiäm-ter zwar wieder auf, verabschiedete sich aber nach Auseinandersetzungen über die Zukunft der CDU endgültig von der Politik.

Montag 2. März

Lou Reed

*2.3.1942 Free Port/New York

»Walk On The Wild Side« (1973), sein größter Hit, könnte auch als Titel für eine Lou-Reed-Biographie herhalten. In den 60ern wurde die Formation »Velvet Underground«, die er mitgegründet hatte, zur Kult-Band. Es folgte eine rasante Talfahrt. In den 70ern unterstützten Iggy Pop und David Bowie Reeds Start in eine Solokarriere. Seine neuen Stücke waren die Hymnen der New Yorker Punk-Szene. Ab 1973 brachte er eine Platte nach der anderen heraus. »New York« (1988) und »Magic And Loss« (1992) wurden internationale Hits.

Freitag 2. März

Jon Bon Jovi

*2.3.1962 Perth Sayreville/New Jersey

Jon Bon Jovi war gerade 25 Jahre alt, da wurde die neueste Platte seiner Band, »Slippery When Wet«, zum bestverkauften Rockalbum des Jahres. Danach gab es kein Halten mehr für die Gruppe. »Bon Jovi« tourte durch die USA und Europa, landete Hit auf Hit, bis sich die Band Ende der 80er Jahre im Streit trennte. Jon versuchte sich als Filmschauspieler in »Young Gun II« und nahm seine LP »Blaze Of Glory« auf. 1992 fand die alte Band doch wieder zusammen. Und selbst VW bedient sich inzwischen werbewirksam des Namens.

Impressum

© Chronik Verlag
im Bertelsmann Lexikon Verlag GmbH, Gütersloh/München 1996

Autor:	Brigitte Esser, Sonsbeck-Labbeck
Redaktion:	Manfred Brocks, Dortmund
Bildredaktion:	Sonja Rudowicz
Umschlaggestaltung und Layout:	Pro Design, München
Satz:	Böcking & Sander, Bochum
Druck:	Brepols, Turnhout

Abbildungsnachweis: Centfox: 128; Interfoto, München: 131; Keystone, Hamburg: 130; Public Address, Hamburg: 132; Sven Simon, Essen: 129. Modefotos 1900-30er Jahre, Damenmode 40er Jahre, Damenmode 50er Jahre: Bertelsmann Lexikon Verlag, Gütersloh; Modefotos Herrenmode 40er Jahre, Herrenmode 50er Jahre, 60er-90er Jahre: Prof. Dr. Ingrid Loschek, Boxford.
Alle übrigen Abbildungen: Bettmann Archive/UPI/Reuters/John Springer Coll., New York.

Trotz größter Sorgfalt konnten die Urheber des Bildmaterials nicht in allen Fällen ermittelt werden. Wir bitten gegebenenfalls um Mitteilung.

ISBN 3-577-30302-6

*Bücher
aus dem
Chronik Verlag
sind immer
ein persönliches
Geschenk*

Chronik
Verlag

Individuelle Bücher – für jeden Tag des Jahres eines. Mit allen wichtigen Ereignissen, die sich genau an diesem besonderen Tag während der Jahre unseres Jahrhunderts zugetragen haben. Doch trotz all der großen Ereignisse des Weltgeschehens – es gibt immer auch persönlich wichtige Daten für jeden einzelnen Menschen, sei es ein Geburtstag, Hochzeitstag, Erinnerungstag oder der Tag, an dem eine entscheidende Prüfung bestanden wurde. So wird aus einem Tag im Spiegel des Jahrhunderts zugleich auch ein »persönlicher« Tag. Und endlich gibt es für all diese Anlässe das richtige Buch, das passende Geschenk!

Persönliches Horoskop

Was sagen die Sterne zu den jeweiligen Tagen? Außerdem erfahren Sie, welche bekannten Menschen unter dem gleichen Sternzeichen geboren wurden.

Ein ganz besonderer Tag

Hier erfahren Sie, was genau diesen Tag zu einem ganz besonderen Tag macht.

Die Ereignisse des Tages im Spiegel des Jahrhunderts

Von 1900 bis zur Gegenwart werden die Fakten des Weltgeschehens berichtet, pro Jahr auf einer Seite! Mit Beginn jedes Jahrzehnts wird die Dekade kurz in der Übersicht dargestellt. Aufgelockert sind die Fakten durch viele Abbildungen und Illustrationen.

Geburtstage berühmter Persönlichkeiten

Berühmte Personen, die an diesem besonderen Tag Geburtstag haben, finden sich mit ihrem Porträt und kurzer Biographie wieder.

Die persönliche Chronik

366 individuelle Bände
je 136 Seiten mit
zahlreichen Abbildungen
Gebunden

In allen Buchhandlungen

Von 1900 bis zur Gegenwart

1900
1913
1914
1915
1916
1917
1918
1919
1920
1921
1922
1923
1924
1925
1926
1927
1928
1929
1930
1931
1932
1933
1934
1935
1936
1937
1938
1941
1942
1943
1944
1945
1946
1947
1948
1949
1950
1954
1957
1958
1959
1961
1939

Die »Chronik-Bibliothek« ist die umfassende Dokumentation unseres Jahrhunderts. Für jedes Jahr gibt es einen eigenen, umfangreichen und zahlreich – überwiegend farbig – bebilderten Band. Tag für Tag wird dabei das Weltgeschehen in Wort und Bild nachgezeichnet – jetzt lückenlos bis an die Gegenwart. Sie können das jeweilige Jahr in chronologischer Folge an sich vorüberziehen lassen, aber die »Chronik« auch als Nachschlagewerk oder als Lesebuch benutzen. Ein prachtvolles Geschenk – nicht nur für Jubilare. Und wer die »Chronik-Bibliothek« sammelt, erhält ein Dokumentationssystem, wie es in dieser Dichte und Genauigkeit sonst nicht zu haben ist.

»Chronik-Bibliothek« des 20. Jahrhunderts
Je Band 240 Seiten
600-800 überwiegend farbige Abbildungen
sowie zahlreiche Karten und Grafiken
12 Monatskalendarien mit mehr als
1000 Einträgen, circa 400 Einzelartikel,
20 thematische Übersichtsartikel
Anhang mit Statistiken, Nekrolog und Register
Ganzleinen mit Schutzumschlag

In allen Buchhandlungen

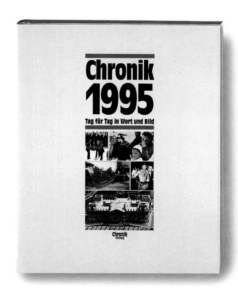